La Grosse

Ariane Séguillon

La Grosse

récit

Flammarion

ISBN : 978-2-0802-6396-4

Pour Dorian Lauduique, Benjamin Séguillon,
Jérémie Séguillon et Ellie Becker.

1

L'endormie

1, 2, 3, 4… l'anesthésiant fait effet. J'aime plus que tout cette sensation de disparaître, de vide, de néant… Ne plus rien sentir, partir pour mieux revenir, voilà aussi le but de cette intervention chirurgicale qui tient en six lettres : sleeve.

Ma guérison ne doit pourtant rien à cette opération. La sleeve n'est que le résultat d'un long travail sur moi pour comprendre pourquoi, comment la nourriture est devenue ma drogue, mon refuge, ma solution pour mieux supporter l'insupportable.

Une clinique de Neuilly-sur-Seine. Mon amie Vassilia m'a accompagnée et m'interdira de partir, ou plus exactement de me sauver une heure avant l'opération. Revenu spécialement d'Espagne, mon père la remplacera le lendemain à mon chevet pour suivre ma convalescence.

Personne n'est au courant, excepté mes quatre amis les plus chers, ainsi que mon père, donc, une productrice de TF1 et mon fils évidemment à qui je ne cache rien, promesse que je me suis faite quand il était encore bien au chaud dans mon ventre.

Vous qui partagez la même expérience que moi, vous qui m'avez souvent posé la question, j'ai peur que vous ne vous sentiez trahis par mon silence sur cette sleeve. Sachez pourtant que cette opération n'est que le résultat d'une guérison psychologique, une récompense accordée par ma psy, seule et unique personne à autoriser le voyage de la réduction d'estomac.

À celles et ceux qui me suivent sur les réseaux sociaux et souffrent comme moi de boulimie, j'ai soigneusement évité de parler de cette opération. Par crainte de leur donner de faux espoirs : je sais qu'une sleeve n'a rien de la solution miracle. Et pourtant je suis là. Ironie des dates, nous sommes le 14 février 2020, jour de la Saint-Valentin.

Je suis un peu vaseuse et fatiguée mais bizarrement pas malade, plus malade. Réalisée sous cœlioscopie et anesthésie générale, la sleeve consiste à réduire l'estomac de deux tiers. S'en trouve ainsi retirée la partie contenant les cellules à l'origine de l'hormone qui stimule l'appétit.

Cette sleeve, aurais-je pu m'en passer ? Céder deux tiers de son estomac sur une table d'opération, n'est-ce pas violenter le corps au détriment des ressources offertes par la volonté ? La volonté qui seule amène à guérir de la boulimie, la volonté qui seule me sauvera du surpoids, du deuil, du cafard, de la part de moi-même qui m'entraîne vers le fond. Cet antidote est en moi, porté par ma rage de vivre, ma liberté, la joie fonceuse et créatrice qui me pousse vers l'avenir. J'avais déjà conscience de cette évidence avant l'opération. Je savais aussi que bien des sleeves étaient vouées à l'échec. Une patiente opérée le même jour que moi devait perdre 50 kilos. Au final, elle n'en perdra que cinq… car avec un estomac rétréci, on peut continuer à manger, certes en petites quantités, mais toute la journée !

Pourquoi avoir tenté à mon tour le voyage ? Cet expédient, croyais-je, compléterait utilement le travail de fond entrepris avec ma psychologue. Mais si ma balance indique aujourd'hui 60 kilos, cette minceur retrouvée ne doit pas tout à la sleeve, et surtout rien aux cures thermales, régimes amaigrissants et autres coupe-faim. La solution, je l'ai trouvée seule dans ma tête.

2

La grosse

Sète, printemps 2019. Un généreux soleil de crépuscule empourpre les toits de la « Venise de l'Occitanie ». La journée de tournage vient de s'achever. Venu me cueillir à la sortie des studios de *Demain nous appartient*, le chauffeur m'a déposée aux abords de l'Hôtel de Paris. Tenu par Laetitia, cet établissement paisible et cosy est mon cocon, ma seconde famille, l'adresse où je descends toujours lors de mes séjours à Sète. Il est presque 20 heures, le Monoprix va bientôt fermer. Je m'y engouffre pour une courte séance d'achats compulsifs destinés à combler le vide de ma soirée en solitaire : baguettes, camembert, galettes, tablettes de chocolat, gâteaux. Chargée de ces précieuses victuailles, il me tarde de regagner ma chambre d'hôtel, d'être enfin seule.

À la sortie du supermarché, une femme m'aborde. Sa petite-fille l'escorte, poupée blonde aux grands yeux émeraude qui m'adresse un sourire à faire fondre la banquise. Étaient-elles à ma recherche ? Sète est le rendez-vous des fans de *Demain nous appartient*, qui sillonnent la cité en espérant tomber sur les acteurs de leur série fétiche. Mais la dame qui m'accoste ne regarde pas « DNA ». Ce qui la passionne, me confesse-t-elle, c'est tout ce que j'ai fait avant, films pour le cinéma et la télévision, courts-métrages, pièces de théâtre. Quelle n'est pas ma surprise de la voir sortir de son sac un press-book qui recense chacun de mes rôles depuis mes premiers pas de comédienne ! La gentillesse de cette inconnue, sa crainte d'être maladroite, de gêner, l'affection qu'elle me témoigne sont du baume sur mon cœur.

La petite fille qui l'accompagne continue de m'observer en souriant, l'air timide. Quel âge peut-elle avoir ? Dix, onze ans ? En piste pour une partie de joyeux selfies devant le Monoprix, le temps de mettre en confiance la jolie gamine aux boucles d'or qui rit à gorge déployée et finit par me gratifier d'un bisou. « Tu connais Ariane ? Tu l'as déjà vue jouer dans un film ? » lui demande sa grand-mère. « Oui, c'est elle qui fait Christelle Moreno dans *Demain nous appartient*, réplique la fillette. « Et que fait cette Christelle Moreno ? » continue la grand-mère qui ignore tout des personnages de la série. La réponse tombe, sans fard, sincère comme l'enfance, tranchante comme un couperet : « Elle fait la grosse. »

J'encaisse le coup. Comment lui en vouloir ? Elle n'a pas voulu me blesser. Son cri du cœur ne fait que mettre en mots la réalité qui s'impose aux regards de tous. Je suis une grosse, la grosse. Autour de 100 kilos, déjà. Droguée au sucre, au gras. Malade de manger. Grosse, comme si ce qualificatif désignait mon essence, me réduisait à un indice de masse corporelle, à la place que j'occupe dans l'espace. Grosse, comme une assignation identitaire, comme une tare. Réfugiée dans ma chambre, je passe la soirée en pleurs devant la télé. En guise de consolation, je m'offre sans compter tablettes de Côte d'Or, tartines de camembert, paquets de M&M's, chips et glace à la pistache.

3

Tailles de guêpe

Blondeur, minceur, culte de l'apparence et rage de plaire. Aussi loin que remontent mes souvenirs, c'est ainsi que je vois ma mère, beauté sculpturale à la peau ambrée, soyeuse comme une pêche. Ma mère et Sylvie, son double, jumelle fusionnelle, grandies dans la même exigence de beauté, sacrifiant aux mêmes rituels de coquetterie, partageant la même obsession pour les jambes fines, la fraîcheur du teint et les séances de brushing qui débordent parfois sur l'heure d'aller chercher les enfants à l'école. Elles passent leur vie chez le coiffeur. Ces deux blondes, à l'origine, sont deux brunes. De même qu'elles choisissent souvent sans se concerter les mêmes robes, les mêmes bijoux, les mêmes livres, Cathou et Sylvie ont opté à l'unisson pour cette teinture platine qui s'accorde idéalement à leur épiderme. Nées du même œuf, les deux sœurs s'amusent du don de télépathie mimétique qui les unit et leur fait penser la même chose au même moment.

Combien de fois ma mère, dans la rue, n'a-t-elle pas été confondue avec Catherine Deneuve par un fan en demande d'autographe ? Sur les photos de ses vingt-cinq ans, elle lui ressemble à s'y méprendre : même carnation, même élégance froide, racée, même taille de guêpe. « Que ta mère est belle ! » me suis-je entendu répéter par toutes mes copines dès l'école maternelle. Belle, et ô combien sourcilleuse sur la nourriture. Manger de bel appétit, chez elle, fut toujours considéré comme suspect. Les aliments qui garnissaient son assiette étaient cause de mauvaise de conscience. Et s'ils faisaient grossir ? Cette culpabilité se faisait sentir à chaque repas, comme si cette tranche de veau, ce gratin dauphinois, cet œuf mayo ou le traditionnel poulet du dimanche soir contenaient une menace, un affront adressé à sa ligne, une tentation exigeant d'être aussitôt réprimée, refoulée. Il fallait se méfier des bons petits plats qui, l'air de rien, alourdissent les fesses. Cette injonction à « faire attention », à ne surtout pas risquer les kilos en trop, cette monomanie du corps parfait, svelte, pétulant, ont composé la toile de fond de mon enfance.

J'étais gourmande, n'hésitant pas à contrarier les directives maternelles en mangeant par pur plaisir et pure gratuité. Gourmande et sportive, pouvant enchaîner dans la même journée séances de danse, longueurs de piscine et sauts d'obstacles au club équestre. Légère comme une plume, j'étais un démenti vivant aux idées reçues de ma mère sur la nourriture. Sans excès, mais sans jamais me retenir, je pouvais céder à mes fringales sans prendre un gramme.

Quand mes parents s'absentaient, et ils s'absentaient souvent, les occasions étaient nombreuses d'entretenir un rapport plus décontracté aux arts de la table. Annick, la nounou qui veillait sur moi et mes petits frères, Benjamin et Jérémie, nous régalait sans entraves de purée maison et de clafoutis aux pruneaux dont les saveurs miellées trottent encore dans ma tête. Apparemment, mon penchant pour le camembert date de cette époque. Annick raconte qu'un jour, elle découvrit un spécimen de ce fromage caché sous mon lit. J'avais attendu que mes parents s'endorment pour faire main basse sur le précieux calendos qui me narguait dans le frigo. Plus tard, c'est une nouvelle nounou, Zora, qui embaumera la cuisine des effluves de couscous préparé à la manière algérienne, pur chef-d'œuvre culinaire savamment rehaussé de thym et de marjolaine. Ces plaisirs simples et roboratifs ont fait de moi une mangeuse parmi des millions d'autres, enfant que n'inquiétait jamais le surpoids, ventre insouciant de ses fonctions, gamine espiègle dans un corps sain. La culpabilité de ma mère en matière de nourriture, c'était son problème, après tout. Restait quand même ce regard un brin pesant, réprobateur et soupçonneux sur les menus péchés de gourmandise que je m'autorisais sans jamais craindre de perdre la ligne.

Mère débordante d'amour, mère inlassablement aimée en retour, mais mère parfois trop ailleurs, trop absorbée en elle-même, à la fois présente et lointaine, attentive aux autres par intervalles, prisonnière au fond de sa tour d'ivoire. Le soir, au dîner, mon frère Benjamin et moi avions mis au point un petit jeu de rôle bien rodé qui nous faisait mourir de rire. À maman qui nous demandait rituellement « Alors, mes chéris, vous avez passé une bonne journée ? » nous commencions par répondre le plus simplement du monde, enchaînant les banalités, avant de dévier sur le même ton vers les absurdités les plus énormes, du type « J'ai fait une partouze avec un ours » ou « Grand-père est tombé d'un mirador ». Et maman intervenait d'un air distrait dans la conversation par des « Ah, c'est bien », « Oui, je vois », « Oh, formidable ». En fait, elle n'écoutait pas nos réponses.

4

Une tribu

Poussant le mimétisme jusqu'à la porte de la mairie, les jumelles ont pris maris dans la même fratrie. Nées Schreyer, elles porteront conjointement leur nouveau nom de Séguillon. Des deux frères choisis pour époux, mon père, Jean-Louis, est le plus jeune. Aimant les femmes et aimé d'elles, fêtard, bohème, il ne correspond pas, de prime abord, à l'image qu'on se fait d'un dentiste. À défaut d'avoir poursuivi ses études de médecine jusqu'au bout, c'est pourtant le métier qu'il exerce. Dentiste inclassable, hors des clous, plus ou moins passionné par son job qu'il pratique néanmoins avec talent. En témoignent les soins d'orfèvre apportés aux dentitions de toute la famille, ou plutôt de toutes ses familles, anciennes, nouvelles, recomposées... Passablement embrouillées, soumises à de brusques assèchements et à des renflouements tout aussi mystérieux, ses affaires ne tiendront toujours qu'à un fil. Ce qui fait aussi son charme.

Absorbé par mille projets dévorants, foutraques, ce père toujours sur la brèche n'a jamais marchandé ni son temps ni son attention dès que nous, ses enfants, faisions appel à lui. Épicurien, bourlingueur, il jure avec le reste du clan Séguillon, plutôt collet monté à l'image de Pierre-Luc, son frère, l'heureux élu de l'autre jumelle. Lui est journaliste, promis à une brillante carrière dans l'audiovisuel. Avant de rencontrer Sylvie, il se destinait à la prêtrise.

L'alliance des Schreyer et des Séguillon marie le chaud et le froid. Le père des jumelles est poète, leur mère artiste peintre. Le patriarche des Séguillon, quant à lui, est un sévère recteur d'académie dont la femme, mamie Nice, a gardé le foyer (parmi ses petits-enfants, j'étais, je crois, l'une des seules à comprendre le sens du second degré de cette grand-mère et à la trouver hilarante). Autant les Schreyer se montrent tièdes à l'égard de la religion, chahutent les convenances, moquent la tradition, autant les Séguillon affichent la foi du charbonnier, dînent à la table de l'évêque et participent aux bonnes œuvres du diocèse. Un mystère plane d'ailleurs sur l'ascendance de ma grand-mère Schreyer, née Malard : de lointaines origines catalanes l'apparenteraient aux familles juives ibériques converties de force au catholicisme à l'époque de l'Inquisition.

Toutes les adolescentes de ma génération ont rêvé d'avoir une grand-mère comme celle de Sophie Marceau dans *La Boum*. J'ai eu ce privilège, et mieux encore, comme petite-fille d'Annette Schreyer, dite mamie Annette. Grand-mère irradiante, inclassable, grand-mère abracadabrante et surtout libre, farouchement libre, d'une liberté qui détonnait avec les femmes de son temps, elle qui avait connu la guerre et l'époque du patriarcat triomphant. Par un accord tacite, elle se tenait le plus souvent loin de son mari, papy Jacques, qui versifiait dans son coin, multipliait les amourettes et cultivait son jardin. Prof de dessin idolâtrée de ses élèves, courant les musées et les vernissages, sautant d'un avion à l'autre avec sa copine Kiki, qui buvait whisky sur whisky et fumait comme quatre, fantasque, piquante, généreuse, mamie Annette a vécu mille vies en une. Elle appréciait aussi le calme de son atelier, rêveuse et inspirée, son chevalet planté devant elle, seule face aux affres de la création. Ses toiles sont à son image : éclatantes, poétiques, virevoltantes d'audaces et de couleurs.

Enfant, je voulais l'accompagner partout. Où qu'elle aille, Annette Schreyer ne passait jamais inaperçue, toujours en quête d'un trait d'esprit, d'une boutade. « Bonjour, monsieur Cacharel ! » lançait-elle, imperturbable, à chacune de ses intrusions sous la célèbre enseigne de prêt-à-porter. Aussitôt montée dans un taxi, elle racontait sa vie au chauffeur, laissant ce dernier définitivement conquis, pantois, prêt à claquer la bise à cette passagère haute en couleur dont la conversation était un feu d'artifice. Je l'ai aimée de toutes mes forces, trouvant en elle une confidente toujours disponible, une épaule contre laquelle me blottir, un roc. Et combien de rigolades avons-nous partagées ! Il n'est pas donné à toutes les petites-filles d'avoir une grand-mère qui demande au sujet d'un amoureux de passage s'il est un « bon coup », ou qui se balade en tenue d'Ève dans le salon familial sans peur de choquer la bienséance.

Je porte en héritage sa fièvre de création, son amour de l'art, la volonté d'agir plutôt que de subir, l'indépendance indomptable de cette femme d'exception qui sut dévorer la vie à pleines dents. Avec elle, je partage l'invitation à la démesure du grand philosophe de la volonté, Frédéric Nietzsche, qui lançait à son lecteur au XIXe siècle : « Danse ta vie ! » D'Annette Schreyer, j'ai appris à regarder le monde sans œillères, loin des conformismes asséchants et du prêt-à-penser. Grand-mère disparue et à tout jamais vivante dans mon cœur, merci pour ce que tu as fait de moi.

Le clan Schreyer avait son jardin secret, son petit éden de verdure niché aux confins de la Bourgogne, au cœur d'une vallée où coule une rivière qui entraîne avec elle toutes mes rêveries d'enfant, la Saône. Propriété spacieuse quoique sans prétention, ce havre bucolique accueillait aux vacances la smala rieuse et bruyante des cousines, cousins et autres pièces rapportées par la tribu Schreyer-Séguillon. Une fois passé le vieux portail en bois, rehaussé sur le côté d'étranges vitraux placés là par mon arrière-grand-père, une fois franchi le clos et pénétré dans le vestibule de la vieille demeure, je gonflais mes poumons à toute force pour inhaler cette puissante odeur de confiture de prunes et de poêle à bois qui signifiait qu'enfin, nous avions atteint le port, qu'enfin Ray-sur-Saône s'offrait à nous pour un pas de côté, une halte, un répit sur le chemin tumultueux de la vie.

Ici, interdiction de céder à la mauvaise conscience sur la question du manger. À Ray, la cuisine était le royaume d'Annette, adepte des plats riches et sains. Tout frais cueillis du jardin d'en face, concombres, tomates, courgettes, carottes et laitues égayaient nos assiettes lors des mémorables festins réunissant toute la parentèle autour de la vieille table en bois qui trônait au milieu du salon. Mamie Annette avait un faible pour les plats en sauce, succulents mais trop lourds, trop goûtus, trop copieux pour mon petit ventre qui calait un peu et peinait à digérer toute cette graisse. Je préférais ses desserts, qui atteignaient des sommets dans l'art culinaire grand-maternel : sa tarte au citron, ses œufs en neige, son gâteau à la crème de lait étaient un festival de saveurs. Qu'importait la surcharge de calories, je les brûlais dans l'heure en allant courir dans les bois, me baigner dans la Saône, foncer sur les chemins à bord de mon vélo. Les nuits n'étaient pas moins remplies : je ne compte plus les fois où j'ai fait le mur pour retrouver les ados du village qui m'entraînaient dans leurs folles équipées...

Nous, les cousins, avions inventé un langage que nous étions les seuls à comprendre : la chtaka. Les adultes en étaient exclus. Manière à nous de truquer leur monde à eux, de crypter le réel par nos propres mots, de créer un univers de sens dont nous étions les seuls à détenir les codes. Barrage lexical, facéties langagières élevés entre nous et les grandes personnes qui nous assommaient avec leur sérieux, leurs sermons, leur grisaille. Les parents nous semblaient « tristes comme un frigo vide », pour reprendre l'expression de mon cousin Erwan. La chtaka, au contraire, était une pure invitation au délire. Exemples : « very sempé », pour pas sympa. « Pierre-luquer » (en référence à mon oncle Pierre-Luc) : emprunter quelque chose sans jamais le rendre, chaparder. « Je me la suis dou » : je l'ai embrassée, bécotée. « Se tèque » : coucher avec son/sa partenaire. Mes petits frères Benjamin et Jérémie, mes cousins Gaël et Erwan rivalisaient d'invention pour enrichir cette langue de locutions toujours plus absurdes. Nous formions la « chtaka family ».

Toujours prête à faire la blague, le cirque, experte en chahut, joyeuse comme une eau vive, comme la Saône au printemps, comme une alouette sur la branche, fougueuse, virevoltante, je me sentais pourtant déjà à part, déjà seule dans ma tête. Dans cette famille attachante, mais aussi pesante, usante, et plutôt corsetée du côté Séguillon, j'avais au fond du mal à trouver ma place. Ou plutôt à rester dans la case qu'on m'avait assignée. Les Schreyer-Séguillon partageaient la manie des catégories bien identifiées, classifiaient les personnalités, les caractères selon une grille de lecture rigide, oppressante, héritage de leurs préjugés bourgeois. Puisqu'il fallait faire entrer tout le monde dans des cases, moi, on m'avait attribué celle de la chieuse, de la gêneuse, belle et donc bête, trop féminine pour être intelligente, trop futile pour donner une bonne graine. Ce carcan était mon boulet. Mais mieux valait prendre le parti de s'en moquer, pourquoi pas en amusant la galerie. Toute gosse, je faisais déjà le show, improvisant des spectacles à l'intention de l'assemblée familiale réunie dans le salon de Ray. Je montais aussi des expos dans le grenier. Je voulais qu'on me regarde, qu'on m'aime. Je rêvais d'être une star... Qu'on se jette sur moi, qu'on m'admire, qu'on me tue ! Et puis l'instant d'après, je recommencerai.

Ray-sur-Saône, la maison du bonheur... Mais ce paradis de l'enfance était menacé. Un monstre, un prédateur rôdait dans les parages. Il allait saccager notre famille.

5

La chaise cassée

Fin des années 2010. Un jour de tournage parmi d'autres, quelque part dans le sud de la France. Les cigales chantent, le soleil flamboie, les beaux corps bronzés des actrices composent une arabesque gracile. Scène extérieur jour. Au milieu de ces jambes si fines, de ces hanches déliées, de ces ventres plats, mes 105 kilos font tache. Ce matin, installée dans la loge HMC (Habillage-Maquillage-Coiffure), j'ai pu observer une fois de plus, une fois de trop, l'implacable discordance entre mon propre corps et celui de mes consœurs actrices. Il n'y a pas si longtemps, j'étais comme elles… Au moins ma chevelure a-t-elle gardé de sa superbe et toute sa vitalité. Après avoir avalé trois croissants, deux pains au chocolat et une tartine de confiture, j'ai englouti le paquet de Balisto qui traînait près de la régie.

Maintenant, il faut jouer, donner la réplique à mes partenaires, respecter le timing du réalisateur, se concentrer. Il fait chaud. Parfois, sous un tel cagnard, du fait de la rétention d'eau, mes jambes et mes chevilles doublent de volume. Mes doigts de pied ressemblent alors à des petites saucisses cocktail prêtes à exploser. Pour prévenir ces gonflements inopinés, j'applique à la lettre les consignes de mon médecin, qui m'a appris à surélever les jambes dans mon lit en position couchée, de manière à relancer la circulation. Je répète l'exercice chaque soir. Pénible.

J'ai peur de tomber. La semaine dernière, à la fin d'une scène, un faux mouvement m'a fait perdre l'équilibre. Je me suis littéralement laissée choir, entraînée sur le sol par mon propre poids, un peu comme l'avalanche qui finit sa course au pied de la montagne. Heureusement, l'équipe de tournage a pris le parti d'en plaisanter, histoire de me mettre à l'aise. Tant mieux, je préfère les bonnes blagues aux regards compatissants. Ariane s'est cassé la figure, et alors, ça arrive à tout le monde, on ne va pas en faire des tonnes, et on va aussi éviter les mauvais jeux de mots. Le problème, c'est qu'il m'a ensuite fallu revenir sur mes jambes. Quand tout le monde a eu le dos tourné, j'ai essayé. Pas facile. Après plusieurs tentatives infructueuses, j'ai fini par me relever en faisant pression de toutes mes forces sur mon coude gauche. Résultat, il m'a fait souffrir le martyre trois jours et trois nuits durant.

Mais le tournage, aujourd'hui, se passe sans écueils. Le réalisateur me félicite, rendez-vous est pris demain au même endroit pour les autres scènes. Ma journée de travail est finie. Un peu à l'écart du plateau, j'avise une chaise massive, confortable, d'apparence solide, qui semble me tendre les bras. Elle tombe bien, j'ai besoin d'une petite pause. Je m'assieds dessus. Elle s'écroule dans un gros bruit de branches qui craquent, démantibulée. Par chance, personne ne m'a vue. Mais comment expliquer le sinistre ? J'invente un mensonge à l'intention de l'équipe de tournage : cette chaise, elle était déjà cassée. Ils me croient, ou font semblant (pas envie de savoir). Le premier assistant abonde dans mon sens : « En effet, j'avais remarqué que cette chaise était pourrie. » Manière élégante de me protéger, de ne pas ajouter à mon embarras. J'ai retenu mes larmes. Je me suis cachée pour pleurer.

6

Une famille idéale

Mon enfance fut nomade. Mes parents avaient la bougeotte. Nancy, Les Sables-d'Olonne, la Sarthe... J'ai rarement passé plus d'un an dans la même école. La famille suivait les pérégrinations professionnelles compliquées d'un père par nature volage et aventurier. Entre ma mère et lui, le torchon n'a pas tardé à brûler. Les infidélités paternelles étaient une pilule amère. Pas vraiment le mari de conte de fées. Lui découvrant un jour une liaison avec la pharmacienne du coin, ma mère, couteau à la main, avait crevé les pneus de la voiture de cette rivale. Je me souviens de l'avoir entendue raconter la scène à mamie Annette : « C'était marrant, ça rentrait comme dans du beurre. »

Il fallut se résoudre au divorce. Ma mère a repris ses études, passé l'équivalent du bac et rejoint les bancs de la fac pour suivre un cursus de géographie. Mais cela ne faisait pas bouillir la marmite. Parallèlement à sa vie universitaire, elle officiait comme assistante dans un cabinet d'architecture dont le patron, Patrick, tombé fou amoureux d'elle, deviendra son mari. Bel exemple de courage et d'indépendance, avec trois enfants à élever, que celui de cette femme repartie de zéro pour tout reconstruire. Quant à mon père, il refera sa vie avec une hôtesse de l'air au sol, Viviane. Son immense beauté était inversement proportionnelle à l'affection qu'elle nous témoignait, à nous, gêneurs que nous étions, enfants du premier lit de ce nouveau mari qu'elle allait suivre jusqu'au bout du monde.

C'est à Torcé-en-Vallée, non loin du Mans, que mon père s'est d'abord fixé avec Viviane, jetant son dévolu sur une maison de maître nantie de plusieurs dépendances, d'une écurie et d'un manège. J'y ai vécu des moments de solitude infinie, inconsolable du divorce de mes parents, plongée dans le cafard le plus noir, en proie au sentiment d'abandonnite qui n'allait plus me quitter. Un soir où Viviane et mon père étaient de sortie, je suis restée seule dans cette grande maison, les adultes ayant oublié de me faire garder… Livrée à moi-même au beau milieu de l'hiver dans ce coin reculé, terrorisée par le bruit des volets qui claquaient sous la force du vent, par les mille grincements de la vieille demeure traversée de courants d'air, j'ai été prise d'une frousse telle que je me suis réfugiée dans l'écurie. Sur un lit de paille improvisé, j'ai passé la nuit blottie contre la panse de Jobic, mon cheval préféré.

Bien qu'associée à une période chagrine, cette maison, dans mes souvenirs, chatoie de couleurs vives, de sensations fortes, comme entraînées par le rythme furieux des galops poussés au plus profond des bois avec ma ponette Gertrude, sans oublier Festival, l'autre cheval de mon cœur. Je voyais notre habitation comme un château démesuré, avec sa fière tourelle médiévale, alors qu'il s'agissait au fond d'une aimable gentilhommière. Il y avait surtout les Duval, nos voisins. Le père était camionneur ; je ne sais plus si la mère travaillait. Leurs deux filles, Isabelle et Véronique, étaient mes complices de jeux. Les Duval habitaient une maison Phénix. Ils menaient une vie simple, sans chichis, loin des postures bourgeoises et condescendantes de ma belle-mère envisonnée. Je trouvais chez eux ce qui, chez moi, faisait le plus souvent défaut : une chaleur humaine à nulle autre pareille, une générosité, une attention qui faisaient des Duval une famille en or. Par contraste, ma tribu éclatée, mes parents divorcés, notre éternel nomadisme rendaient les Duval incroyablement sécurisants, eux si soudés, si solides, heureux d'être ce qu'ils étaient. Je rêvais d'avoir une famille comme la leur. C'est à eux que je pense dès que je retrouve le rôle de Christelle Moreno dans ma série pour TF1. Comme les Duval, les Moreno composent une famille unie, solidaire, confiante en l'avenir. En se serrant les coudes, ils ont appris à faire front contre les orages de la vie. Depuis ma rencontre avec les Duval, c'est au milieu de celles et ceux qui leur ressemblent que je me sens le mieux : dans la simplicité et le naturel de relations fondées sur la tolérance, l'ouverture d'esprit, loin des poseurs et des cyniques qui traversent l'existence avec la morgue insupportable des gens bien nés.

7

Dans les griffes du monstre

Les enfants sont pourvus de petites antennes invisibles. Dotés d'un sixième sens, ils savent capter le danger qui guette. Le prédateur qui rôde. Aussi loin que remontent mes souvenirs, j'ai toujours éprouvé une répulsion instinctive pour ce personnage douceâtre, gluant, qui s'invitait souvent dans notre maison de Torcé-en-Vallée avec ses manières onctueuses et ses cadeaux destinés aux enfants. Faire figurer son prénom dans ce récit est au-dessus de mes forces, tant la présence de ces deux syllabes risquerait d'en salir l'ensemble, de le contaminer. Quant à son nom de famille, c'est le mien, Séguillon. Appelons-le l'oncle. Il est l'un des quatre de la fratrie Séguillon, venant juste avant les deux frères qui ont épousé les jumelles.

L'oncle et ses cadeaux, donc. Il en couvrait mon petit frère, Benjamin. Des consoles vidéo, des camions de pompiers géants, le vélo dernier cri. Moi, je n'avais droit qu'à de méchantes babioles. Une scène houleuse, avec Ariane dans le rôle de la méchante, a marqué la mémoire familiale. Une fois encore, l'oncle était venu à Torcé les bras chargés de surprises. Pour Benjamin, un appareil photo rutilant, bijou de technologie qui avait dû lui coûter plusieurs milliers de francs. Pour moi… une plante verte en pot. J'ai attendu que les adultes s'installent dans le jardin. Ensuite, depuis la fenêtre du premier étage, j'ai lancé de toutes mes forces cet affreux pot en visant la tête de l'oncle. Je regrette aujourd'hui d'avoir loupé ma cible, de peu. J'ai écopé d'une engueulade à faire trembler les murs et du barème maximum de punition – une journée entière enfermée dans ma chambre au pain sec et à l'eau.

« Tu as voulu tuer ton oncle ! » répétait mon père qui bouillait de colère. L'interprétation des adultes était toute trouvée : j'étais tout simplement jalouse des cadeaux offerts à mon frère. Une part de moi-même avait sans doute fini par croire à cette explication. Restait l'autre part, la part tripale, instinctive, nichée quelque part dans mon encéphale et qui avait parfaitement identifié le danger : oui, il fallait tuer l'oncle, en finir avec lui, l'occire pour faire cesser les atrocités qu'il infligeait à mon petit frère.

Une autre image revient souvent me hanter, image incertaine, tremblée, comme enfouie dans les limbes de ma mémoire. L'ai-je rêvée ? Peut-être. C'est la nuit, au premier étage de la maison de Torcé-en-Vallée où tout le monde est censé dormir. Sur la pointe des pieds, j'ouvre la porte de ma chambre. Dans le couloir, je tombe sur l'oncle et Benjamin qui sortent d'une autre pièce, l'air mystérieux. Je suis frappée par le visage de mon frère, contracté par une expression que je ne lui avais jamais vue. Il y a quelque chose de fuyant dans son regard mais aussi une part de fragilité, comme un appel à l'aide. Je perçois confusément dans la situation une anomalie, une étrangeté. À cet instant volé dans le couloir se résume le souvenir vacillant de cette scène que ma mémoire a sans doute cherché à censurer.

Que l'oncle, à Torcé-en-Vallée ou ailleurs, ne lâche pas mon frère d'une semelle, qu'il le fasse poser à moitié nu dans les arbres pour ses photos, qu'il le pourrisse de cadeaux et insiste pour l'emmener avec lui en voyage, tous ces signaux pourtant clairs, tout ce manège de désir crasseux n'avaient jamais semblé alerter le clan familial. Décidément, les adultes avaient des yeux pour ne rien voir et des oreilles pour ne rien entendre. Jusqu'au jour où Benjamin, ayant refusé au dernier moment d'accompagner l'oncle en vacances, avait laissé son petit cousin Erwan y aller à sa place. Partis de Ray-sur-Saône, le prédateur et sa nouvelle proie avaient pris la route pour la Suisse. Mais au bout d'une heure, mon frère avait craqué. Imaginer que l'oncle s'apprêtait à répéter les mêmes gestes, les mêmes assauts, imaginer qu'il dupliquerait les mêmes violences hideuses en prenant cette fois pour cible le corps de ce petit cousin qui était pour Benjamin comme un frère, voilà qui était au-delà du supportable. Alors, Benjamin avait tout raconté aux parents. Séisme à Ray-sur-Saône. Je me souviens de la mine déconfite des adultes, tout à coup affairés, liquéfiés, soucieux d'éloigner les enfants de leurs conciliabules nerveux qui suaient la peur et la mauvaise conscience. Décision fut aussitôt prise de foncer sur la route pour récupérer Erwan, en priant pour qu'il ne soit pas trop tard. Ce qui fut fait. Erwan fut exfiltré de justesse et ramené à Ray.

Et ensuite ? Ensuite, rien. Silence de plomb. De mort. Cette affaire relevait du pénal. L'oncle aurait dû être poursuivi et condamné. Pour Benjamin. Pour Erwan. Pour nous tous, sœurs, frères, cousines et cousins. Pour tous les autres enfants sans doute abusés par ce cinglé, je pense aux « petits voisins » qu'il recevait chez lui, régalait de cadeaux et emmenait eux aussi en « vacances ». Au lieu de cela, rien. Bouche cousue. On se contenta d'ostraciser l'oncle, de le décréter *persona non grata*.

Que valaient l'enfance amochée, la vie en miettes de Benjamin au regard du prestige social qui rendait si fière la famille Séguillon, riche d'un recteur d'académie couvert d'honneurs et d'un journaliste lancé à la conquête du PAF ? Pas grand-chose, à en juger par l'insupportable omerta qui allait désormais prévaloir au sein du clan. Mieux valait tenir sous l'étouffoir toute cette honte, garder pour soi toute cette boue. J'ai souvent médité cette phrase du romancier Philippe Claudel : « Toutes les familles possèdent d'épaisses strates de silence tendu, des souffrances engluées dans des secrets cachés bien au fond des belles armoires à linge. » La nôtre était bien lotie.

Bien des années plus tard, Benjamin a ressenti le besoin de me raconter sans apprêt, sans détour, tout ce que l'oncle lui avait fait subir. Un récit d'une heure trente, débité d'une traite. J'en ai vomi, physiquement vomi. Révulsion, soulèvement de tout mon être, haine débondée, les mots sont faibles, beaucoup trop faibles, pour traduire l'effet produit sur moi par cette confession qui me révélait l'abysse de violence et de cruauté dont mon petit frère adoré avait été la victime.

Comment leur pardonner ? Comment ne pas céder à l'écœurement devant ce misérable petit tas de lâchetés, devant la frousse, l'hypocrisie de ces bons notables qui par solidarité de clan, par peur du scandale, par forfaiture, avaient toléré l'intolérable ? Un pédo-criminel avait frappé dans leur propre maison et continuait à se balader le plus tranquillement du monde dans la nature. Et eux ne disaient rien.

Sans doute, il peut sembler facile de leur jeter la pierre depuis l'époque où je parle, des décennies plus tard, à l'heure où les violences sexuelles contre les enfants font l'objet d'une prise de conscience sans précédent. Qu'aurais-je fait à leur place ? La France des années 1980 n'avait pas la même vigilance, les mêmes réflexes face aux prédateurs pédophiles. Que ma famille n'ait rien vu venir, passe encore, je n'aurais peut-être rien vu venir non plus. Mais ce choix du silence pour couvrir l'oncle… Non, définitivement, la pilule a du mal à passer. Peut-on néanmoins vivre pleinement sa vie en menant une guerre incessante au passé ? Le poison du ressentiment, lui aussi, enfante des monstres. J'ai donc essayé de pardonner aux miens. Mais le pardon n'est pas l'oubli.

8

Quelque part sur la mappemonde

J'ai douze ans. L'ambiance de ce dîner est lugubre. Mon père nous a réunis au resto, mes petits frères et moi, pour nous dire au revoir. Il reste évasif sur ses intentions mais je sens bien qu'il y a quelque chose qui cloche. Cette intuition de petite fille, qui ne m'a jamais quittée, s'est une fois de plus avérée la bonne. La vérité est que mon père s'apprête à quitter la France. Pour quelle destination ? Loin de l'Europe en tout cas, là où cet éternel panier percé pourra semer le fisc, repartir à zéro, se refaire. Il croule sous les dettes, ses créanciers le harcèlent, la justice lui cherche des poux. Elle a fait saisir ses comptes, sa maison, ses meubles. « Fuir ! Là-bas fuir ! Je sens que des oiseaux sont ivres / D'être parmi l'écume inconnue et les cieux ! » Mon aventurier de père est l'un de ces oiseaux migrateurs du poème de Mallarmé.

L'appel de l'inconnu, le mythe du nouveau départ agissent sur lui comme un aphrodisiaque. Une autre vie, à coup sûr plus trépidante, l'attend sous d'autres cieux. Et nous ? J'aborde à peine l'âge de l'adolescence et mon père prend le large. Avec sa nouvelle femme, ses nouveaux rêves, des projets tout neufs qui ne nous regardent pas. De quoi nourrir une fois de plus mon sentiment d'abandon. À la fin du dîner, il nous a fait monter dans un taxi. Tandis que la voiture démarrait, je me suis retournée pour emporter une dernière image de lui à travers la vitre. Seul sur le trottoir, mon père pleurait.

Pendant une année entière, impossible de savoir où il s'était caché. Je rêvassais en contemplant ma mappemonde, l'imaginant sur tel continent ou sur tel autre, sous les tropiques ou sous la neige, en compagnie des animaux de la savane ou avec les Esquimaux. Et puis, un beau jour, le fugitif avait donné de ses nouvelles. Il vivait à Johannesburg avec Viviane qui attendait un enfant. La maison était grande, nous faisait-il savoir, assez grande pour nous accueillir si, d'aventure, nous étions tentés par un voyage en Afrique du Sud. Chiche ! Du haut de mes treize ans, me voilà partie pour ce bout du monde à bord d'un avion UTA qui faisait escale à Nairobi.

Image à jamais gravée dans mon esprit que celle du survol de Johannesburg contemplée depuis mon hublot. Des centaines de petits rectangles dardaient de bleu la métropole tentaculaire, comme des pions colorés sur un géorama. Ces quadrilatères minuscules qui scintillaient sous le soleil africain, c'étaient des piscines privées. Leur présence désignait en l'occurrence les quartiers nantis occupés par les Blancs. Mon père vivait dans l'un d'entre eux.

Sa maison n'était ni la plus grande, ni la plus jolie de la rue. Depuis qu'il avait refait son nid en Afrique du Sud, les affaires avaient redémarré mais les fins de mois restaient difficiles. Étrange dentiste que ce Français conduit à l'exil pour fuir ses dettes et qui travaillait désormais au cœur du quartier noir de Soweto, employé dans un hôpital où il était l'un des rares médecins blancs. Auprès des populations discriminées par l'apartheid, les besoins étaient tels que les fonctions de mon père débordaient largement sa seule activité de dentiste. Quand un patient arrivait blessé par un coup de couteau au visage, il n'était pas de trop pour faire les points de suture. Cette médecine d'urgence et de terrain, en prise avec la réalité violente d'une société fracturée par le racisme, il la pratiquait aussi dans les prisons de Johannesburg.

Mais à la maison, la domesticité était noire et les employés donnaient à mon père du « Yes, master ». Comme partout ailleurs dans les quartiers blancs. Totalement ignorante de la société sud-africaine en arrivant sur place, et depuis ma position ô combien privilégiée, je découvrais toute l'injustice d'un système fondé sur les inégalités et la ségrégation.

Étais-je la bienvenue ? L'accueil de Viviane avait été plutôt tiède. J'avais parfois l'impression d'être en visite chez des étrangers. Ariane, ou l'éternelle gêneuse… Mais puisque j'étais venue pour me réchauffer l'âme auprès de ce père tant aimé dont l'absence avait été un crève-cœur, toutes les occasions étaient bonnes de me retrouver seule avec lui. Alors, l'espace de quelques jours, nous avons laissé Viviane à la maison. En route pour une partie de safari en duo au cœur du Kruger National Park, royaume des grands fauves et des éléphants…

9

Soirée sétoise

Les journées de tournage qui s'enchaînent avec l'équipe de *Demain nous appartient* imposent leur rythme échevelé sous le soleil méditerranéen. La cadence est vive, il faut suivre, mais le travail est ponctué par tous les à-côtés qui ne figurent pas sur la feuille de route, moments de pure détente où il fait bon profiter de la douceur sétoise. Vivre toute une partie de l'année en quasi-communauté à des centaines de kilomètres de chez soi, cela crée des liens forts. Actrices, acteurs et autres membres du staff se retrouvent souvent pour aller bronzer au bord de la mer avec les copains de Sète. Ils étalent leurs serviettes sur un petit coin de plage privée, à l'abri d'éventuelles photos volées. Mais quand on est obèse, les parties de maillot virent presque toujours au cauchemar. Mon corps, je le cache. Pas question de quitter mon paréo. D'accord, mais pour aller se baigner ? Le savant stratagème consistant à n'enlever le paréo qu'une fois entrée dans l'eau à mi-mollet, à le jeter en boule sur le rivage et à se ruer le plus vite possible dans l'océan, comporte son lot de risques et d'angoisses. Et si le paréo s'envolait ? Et si la mer l'emportait ? D'ordinaire, je trouve donc une bonne âme qui m'attend au bord de l'eau avec la précieuse étoffe, que j'enfile aussitôt sortie de la mer.

Le soir, quand les journées du lendemain sont « off », la petite bande d'acteurs hante les bars et les restos aux façades colorées qui ont poussé comme des champignons dans la vieille ville. Occasions d'ouvrir nos papilles aux spécialités sétoises : bourride, tielle, encornets farcis, gibelotte... Mais mon rapport à la nourriture m'empêche de profiter comme les autres des plats servis au restaurant. Je sais qu'ils ne suffiront pas à me remplir. Je les mange, je les ingurgite comme une automate, indifférente à leur goût, inaccessible à l'état de rassasiement qu'offre d'ordinaire un repas copieux. La boulimie annule la sensation de satiété. On ne mange plus par appétit, pour calmer sa faim, mais pour assouvir une addiction. Pour atteindre le shoot. Du coup, les moments passés autour d'une table en joyeuse compagnie prennent souvent pour moi des allures de calvaire. En attendant que les autres aient fini leur dessert, sifflé leur digeo, bu leur café, je n'ai qu'une hâte, rentrer dans ma chambre d'hôtel pour commencer enfin les choses sérieuses : compléter par une débauche de chocolat, de pain, de fromage, tout ce que n'ont pu m'offrir les plats du restaurant, désespérément frugaux au regard des exigences de mon estomac.

Mais qu'importe ce que je fais toute seule dans ma chambre, la plupart du temps, nos soirées sétoises sont placées sous le signe de la franche rigolade et l'occasion de souder la petite communauté. Au cours de ces virées, fans en quête d'autographes et autres chasseurs de selfies viennent souvent à notre rencontre. Nous avons tous à cœur de leur faire bon accueil. Mais la notoriété, pour une obèse, a des revers que les minces ignorent. Un épisode est resté douloureusement gravé dans ma mémoire. Ce soir-là, la joyeuse troupe de la série s'était donné rendez-vous en terrasse d'un resto où nous avions nos habitudes. Je remarque alors, réunis autour d'une table un peu en surplomb de la nôtre, un groupe d'amis qui discutent bruyamment. Ils nous ont reconnus et ne se montrent pas très discrets. De ma place, je peux entendre assez distinctement leurs commentaires (toujours seule dans ma tête). Je saisis au vol ce dialogue : « Tiens, regarde, il y a aussi Ariane Séguillon. — Ah bon, où ça ? — Juste ici, c'est la grosse qui est là. » Ma joie, tout d'un coup, bat de l'aile. La fête est gâchée. Je quitte le resto sans attendre l'entrée. Malheur, il est plus de 22 heures, le Monoprix est fermé et les réserves qui m'attendent à l'hôtel ne seront jamais suffisantes pour tenir toute la nuit. Je me replie sur le bar-tabac pour une razzia de bonbons et de barres chocolatées destinés à meubler mon spleen.

10

Des barbecues dans la brousse

À la fin du collège, mes notes ont commencé à chuter vers la moyenne, puis vers la moyenne basse, puis de plus en plus bas. Trop vive, trop rêveuse, trop rebelle à l'autorité des profs pour me couler dans le moule. Trop en marge, avec ma famille errante et disloquée. La tête ailleurs. Au retour de mon voyage en Afrique du Sud, je n'avais qu'une envie : repartir. Rejoindre mon père. Participer moi aussi à l'aventure des recommencements dans ce pays lointain où tout semblait possible. Était-ce si déraisonnable ? Était-elle si aberrante, l'idée de reprendre mes études sur un nouveau pied dans un cadre qui n'offrait plus grand-chose de commun avec celui des collèges français, et me donnerait peut-être l'occasion de redresser la barre ? Ma mère s'est laissé convaincre, aidée dans sa décision par un beau-père peu désireux de me voir rester à la maison et un dernier bulletin de notes plutôt calamiteux. Va pour l'Afrique du Sud…

Cette fois, je venais pour rester, n'en déplaise à ma belle-mère qui allait mener contre ma présence une guéguerre quotidienne certes usante, mais sans prise sur ma joie de vivre et l'immense bonheur de retrouver mon père pour ce nouveau départ. Mon petit frère Benjamin nous rejoindra deux ans plus tard. Très vite après mon arrivée, nous avons emménagé dans une nouvelle maison au cœur du très chic quartier de Rivonia. Propriété spacieuse et opulente, de cachet colonial, pourvue d'un vaste jardin, d'une piscine et d'un terrain de tennis. Mon père avait arrêté ses vacations à l'hôpital de Soweto pour ouvrir son propre cabinet dentaire, installé dans la petite maison attenante à la demeure principale. Il menait désormais la vie à grandes guides. Jusqu'à quand ?

Dans ce ghetto blanc, les Noirs étaient nombreux. Nombreux à faire le ménage, la vaisselle, la lessive ; nombreux à jardiner, balayer, coudre, repasser, cuisiner, servir la table, débarrasser, ramasser les poubelles, garder les enfants. Certains d'entre eux vivaient à demeure chez les

« masters », corvéables du matin au soir. D'autres allaient rejoindre, après le travail, les quartiers misérables de Johannesburg pour revenir le lendemain matin munis de leur précieux laissez-passer. Le poids de l'apartheid se faisait sentir au cœur de cette enclave pour privilégiés. Les résidents se barricadaient à l'abri des hauts murs de leurs propriétés, vivant dans la paranoïa constante d'une agression ou d'un cambriolage. L'insécurité était une réalité, conséquence logique de la ségrégation raciale et des inégalités produites par cette société à deux vitesses. La plupart des Blancs étaient armés. Mon père, par ailleurs chasseur, disposait à domicile d'un arsenal impressionnant allant du fusil à lunette au revolver de poche. Comme les autres résidents du quartier, nous disposions d'un *panic button*, boîtier relié à un dispositif de sécurité qui donnait l'alarme en cas d'intrusion extérieure.

Mon père m'avait inscrite à la prestigieuse Hyde Park High School, fleuron de l'enseignement à l'anglo-saxonne. Les premiers jours, j'y allais en voiture avec lui. Vint un matin où je dus prendre le bus toute seule, munie de ses indications qui n'étaient pas d'une clarté absolue. Montée dans le premier bus qui passait, je ne fus pas plus étonnée que cela de constater que la totalité des passagers étaient noirs. Après tout, n'étais-je pas en Afrique ? Mais j'ai très vite perçu dans l'air une tension. D'abord à l'attitude bizarroïde du chauffeur, puis aux éructations d'un passager qui s'adressait à moi dans une langue parfaitement incompréhensible. J'étais terrorisée, perdue au beau milieu d'une ville étrangère dont j'ignorais tous les codes. Par chance, une dame qui était dans le bus a volé à mon secours. Elle m'a fait asseoir à côté d'elle, et malgré la barrière de la langue, j'ai compris en l'écoutant que j'étais montée dans le mauvais bus, le bus des Noirs. J'ai fini le trajet dans son giron protecteur. Elle m'a parlé de la France, qu'elle admirait comme la plupart de ses compatriotes discriminés par l'apartheid. Tous avaient entendu parler de la vaste mobilisation française pour la libération de Mandela, et de l'embargo décrété par Mitterrand sur les produits en provenance d'Afrique du Sud. J'avais au moins cette consolation.

Quelques menus incidents ont marqué mon entrée à la Hyde Park High School. À commencer par l'engueulade d'une surveillante venue m'accabler de reproches sans que je comprenne un traître mot de ce qu'elle me disait. Mon niveau d'anglais était déjà faible en France, mais celui pratiqué en Afrique du Sud, avec un accent guttural à couper au couteau, m'était encore plus hermétique. Cette surveillante me reprochait en fait… mes boucles d'oreilles, interdite dans l'enceinte de l'établissement comme tous les autres bijoux. L'uniforme était obligatoire. Pour les filles, jupe grise, chaussettes blanches, blazer, cravate et cheveux strictement attachés. L'attention portée à la discipline ne faisait pas moins de la Hyde Park High School un formidable espace de liberté. Ombragé d'arbres centenaires, l'immense parc comptait plusieurs terrains de sport, dont les incontournables aires de rugby pour les garçons, qui rêvaient tous d'intégrer les Springboks. À 14 heures, finis les cours, place aux exercices au grand air pour tout l'après-midi. Avec l'équipe de pom-pom girls du lycée, j'enchaînais gymnastique acrobatique, lancers, sauts, danse et pyramides humaines, le tout en musique évidemment.

À cet âge, on apprend vite : au bout de six mois, je parlais anglais comme si j'étais née là.

En ma qualité de Française, j'étais pour les autres élèves une curiosité, une espère rare, exotique, parée de tous les charmes attribués aux jeunes filles en provenance du pays de Brigitte Bardot. Le mythe de la *Frenchie* devait faciliter mon intégration dans la communauté lycéenne et me valoir quelques soupirants… que je n'éconduisais pas tous. J'ai rapidement eu ma bande de copines. La meilleure d'entre elles, Lauren, révoltée contre la politique d'apartheid, a puissamment contribué à dessiller mon regard sur le fonctionnement inique et liberticide de la société sud-africaine, que je découvrais avec un profond sentiment d'injustice.

Benjamin, lui, était élève à l'École française de Johannesburg. À la maison, nous formions équipe contre Viviane, qui a dû en baver avec nous, entêtés que nous étions à lui chercher des poux, butés comme peuvent l'être les ados, incapables au fond de saisir les perches qu'elle essayait parfois de nous tendre pour enterrer la hache de guerre. Notre belle-mère était alors accaparée par ses deux enfants en bas âge, Alexandre et Marie-Morgane. Demi-frère et demi-sœur adorés de Benjamin et moi mais dont les droits, du point de vue de Viviane, passaient toujours avant les nôtres.

Un rituel répété chaque matin n'est sans doute pas étranger au rapport compliqué que j'entretiendrais des années plus tard avec la nourriture. Viviane faisait toujours préparer un petit-déjeuner, royal, pour son mari et ses enfants. Quant à Benjamin et moi, nous devions nous débrouiller tout seuls. Nous, les enfants du premier lit, n'avions pas droit au délicieux pain blanc qui régalait le reste de la famille. Nous était réservé le pain de qualité inférieur, le pain noir, le pain des Noirs, celui que mangeaient nos employés de maison (sans commentaire). D'où un sentiment bien compréhensible de frustration, et l'envie de se rattraper sur les Bounty, Mars et autres Smarties amoncelés dans un grand bocal que Viviane nous avait interdit d'ouvrir. Nous les chapardions quand même, au risque de susciter de nouveaux conflits avec elle, conflits qui, en l'occurrence, prenaient prétexte de la nourriture pour traduire une opposition plus profonde. Autre tic de Viviane sur la question du manger : il fallait toujours finir son assiette, quels que soient les aliments qui la garnissaient et même si nous n'avions plus faim. C'est précisément contre cette injonction que j'apprendrais à lutter en soignant ma boulimie. En laisser dans son assiette, ce n'est jamais la fin du monde. Soit dit en passant, Viviane était une cuisinière incomparablement douée.

L'ambiance était moins empesée dans le ranch familial. Dans son éternelle folie des grandeurs, mon père avait monté un élevage de chevaux et acquis une ferme à quelques encablures de Johannesburg. Investissement hasardeux, comme beaucoup d'autres. En attendant, nous avons passé là des moments de pur bonheur, occupés au dressage des canassons et aux cavalcades dans l'immense *meadow*. Dans ce coin à demi sauvage, il fallait veiller à ne jamais manger un sandwich en plein air... sous peine d'attirer la convoitise des babouins qui rôdaient dans les parages et n'hésitaient pas à attaquer. L'un d'entre eux avait même dévoré le postérieur d'un cheval... Mon père avait voulu recoudre la plaie avec mon aide, mais c'en était trop pour moi et je suis tombée dans les pommes.

Le contact brut avec les animaux, le danger qu'ils représentaient parfois, mais d'abord et surtout leur majesté, leur beauté, leur insertion dans la nature grandiose, c'était aussi cela, l'Afrique du Sud. Un jour que mon petit frère Jérémie, venu en vacances, nous avait accompagnés en safari, un vieil éléphant solitaire avait chargé le 4 × 4 de mon père. La voiture avait calé en plein assaut du pachyderme, avant de redémarrer *in extremis.* « Je veux pas mourir en Afrique, je veux rentrer chez maman ! » avait hurlé le pauvre Jérémie pendant que Benjamin et moi hurlions aussi, mais de rire. Le soir, au campement, c'était le rituel du *braai*, version sud-africaine du barbecue. Un délice de viandes savamment grillées au feu de bois et assaisonnées de « monkeygland », sauce locale à base d'ail, de gingembre, de ketchup et d'oignon.

Temps de l'adolescence, temps des premières amours… À 15 ans, j'étais déjà une graine de fêtarde. Avec Lauren, nous écumions les boîtes de nuit et les soirées privées. Un soir de folle virée, mon chemin a croisé celui de James Anderson. Il avait cinq ans de plus que moi, des yeux bleus à la Clint Eastwood, une tignasse brune magnifique et un passé d'Afrikaner un peu tête brûlée. Venu de la brousse, il s'était reconverti dans le business de lunettes à Johannesburg.

J'ai fondu. James Anderson a été ma première grande passion. Je tombe très rarement amoureuse. J'ai toujours eu une grande admiration pour les cœurs d'artichaut. Moi, j'ai plutôt un cœur de papaye, comme on dit en Afrique du Sud.

Mais que valaient les émois d'une petite adolescente privilégiée, bien au chaud dans l'entre-soi des Blancs, au regard de l'immense souffrance montée des tréfonds de la société sud-africaine ? Comment ne pas juger futiles ces souvenirs de *happy few*, quand toute une partie de la population était exploitée par une minorité de nantis, de repus, rendus tout-puissants par la seule couleur de leur peau ? Mon allergie au racisme, mon apprentissage de la tolérance n'en datent pas moins fondamentalement de ces années sud-africaines. L'apartheid était le plus détestable des systèmes. Je l'avais en horreur. La haine du mélange, de la différence, la peur de l'altérité menacent toujours de fracturer les communautés humaines. J'ai vu ces fractures sous mes yeux. Elles m'obligent, nous obligent à une vigilance de tous les instants. La différence est toujours une richesse : cet adage, je n'ai jamais cessé de le répéter à mon fils qui en fera lui aussi son mantra.

Toutes proportions gardées, le regard porté sur l'obésité peut permettre de tisser un parallèle avec le racisme. Le rapprochement s'est imposé à moi à mesure que j'évoluais vers le surpoids. Alors, j'ai pris conscience au quotidien de la force des préjugés, du mépris, des moqueries blessantes que pouvait inspirer le simple fait d'être différente, physiquement *autre*. Racisme et grossophobie roulent sur la même pente. Dans les deux cas, l'individu montré du doigt se trouve infériorisé, réduit à un corps, à une altérité qui finissent par recouvrir toute son identité.

11

Adulte à seize ans

Entre les parties de barbecue, les fêtes, les copines et la passion dévorante qui me consumait dans les bras du beau James, je n'avais pas vraiment la tête à me concentrer sur les cours de la vénérable Hyde Park High School. Mes bulletins s'en ressentaient. Décidément, je n'avais pas la fibre scolaire. Je venais de fêter mes seize ans. Qu'allais-je faire de ma vie ? Rester en Afrique du Sud ? J'aimais depuis toujours le théâtre – depuis l'âge de quatre ans, j'avais toujours déclaré vouloir en faire mon métier. Une pièce interprétée en cours d'année avec la troupe du lycée avait confirmé mon immense envie d'être actrice. C'était *Macbeth* de Shakespeare. Je jouais l'une des trois sorcières qui annoncent leur destin aux pauvres mortels. Moi aussi, j'aurais aimé prédire l'avenir…

Le théâtre ? Mon père n'était pas contre. Compte tenu de ma faible appétence pour les études, il fallait bien me laisser vivre mon rêve. Mais alors pas en Afrique du Sud, qui n'avait rien d'un eldorado pour comédiens en herbe. Le retour en France s'imposait. Et James ? Et l'amour éternel que nous nous étions juré ? En nous quittant, nous nous sommes promis de faire mentir l'adage « loin des yeux, loin du cœur ». Je pense avoir tenu cet engagement, car il est toujours resté dans mon cœur un morceau de lui. Mais comme l'écrivait Arthur Rimbaud, « on n'est pas sérieux quand on a dix-sept ans ». Et je n'en avais que seize...

Après trois ans passés en Afrique du Sud, j'étais donc de retour en France. Puisque j'avais fait le choix d'abandonner la dernière année de lycée en cours de route (« stand 10 » en Afrique du Sud) pour tenter ma chance sur les planches, mes parents m'avaient fait comprendre que désormais, il ne faudrait plus beaucoup compter sur eux. Bien sûr, ils seraient toujours là pour me dépanner en cas de coup dur, mais c'était à moi maintenant de construire ma vie, et donc de la gagner. Ils m'ont loué un petit studio à Enghien-les-Bains, non loin de chez ma mère – je n'étais pas vraiment la bienvenue dans son nouveau couple. Dans la foulée, j'ai commencé ma première année de formation théâtrale au Cours Simon, dans le 11e arrondissement de Paris, pas tout à fait la porte à côté depuis le Val-d'Oise, d'où de longues heures passées chaque jour dans les transports. Qu'importe, j'étais heureuse de ma nouvelle vie, courant du matin au soir entre les cours d'art dramatique, les horaires de train et les petits boulots que j'enchaînais sans faiblir. Condition *sine qua non* de ma liberté toute neuve, de mon indépendance, ces jobs alimentaires ont aussi été pour moi une formidable école de la vie. J'ai été, dans le désordre : serveuse (peu douée), standardiste, vendeuse de jeans aux puces, de robes de mariée en boutique, hôtesse d'accueil, prof particulière d'anglais… J'en oublie sans doute.

Je n'avais pas encore dix-huit ans qu'un jour, à la sortie du Cours Simon, un inconnu m'aborde. Il me dit travailler pour une agence de mannequins. Mon visage, ma silhouette l'intéressent. Serais-je partante pour une séance de photos ? Manifestement, je n'avais pas devant moi un dragueur des rues ni un chasseur de jeunes filles en fleurs : il était homosexuel, ce que je compris vite. Et me voilà quelques jours plus tard posant en studio pour une séance de shooting ! Cet agent tombé du ciel m'a aussi fait passer deux ou trois castings. Avec succès : ma photo s'est retrouvée en couverture d'un magazine ; une autre dans une pub pour des chemisiers. Peu après, rebelote, cette fois pour une célèbre marque de produits cosmétiques qui affichera mon visage en 4 par 4 dans le monde entier... Mon expérience de mannequin visage s'arrêtera là. Je n'avais pas quitté l'Afrique du Sud pour jouer les potiches de publicité. Au Cours Simon, j'apprenais pour la première fois un métier. Il me passionnait. Et je comptais bien m'y accrocher.

12

De l'amour

Je travaillais comme quatre, jalouse de mon autonomie, confiante dans l'avenir, curieuse de toutes les surprises que me réservait Paris, cet immense terrain de jeux que j'apprenais à apprivoiser après des années d'errance aux quatre coins de la France et en Afrique du Sud. Les nuits étaient aussi belles que les jours. En ce début des années 1990, la fête parisienne battait son plein. J'y ai souvent plongé tête baissée, légère comme une bulle de champagne, accompagnée de ma cousine Séverine qui pouvait elle aussi se coucher à l'aube, dormir une heure ou deux et vaquer à ses occupations de la journée en restant aussi fraîche que la rosée du matin. Nous mangions sur le pouce et sautions allègrement nos repas.

Que faisions-nous, ce soir-là, dans cette discothèque située aux abords de Pontoise ?

L'établissement était tenu par le parrain de Séverine. Il nous avait fait entrer sans payer et décrété l'open bar à notre intention. Nous étions mineures, mais qu'importe, place aux trépidations sur le dancefloor au rythme de la musique électro. Un jeune homme au sourire magnétique et à la blondeur d'ange s'est alors détaché du petit groupe d'amis qui l'entourait pour venir me parler. Ses mots étaient une déclaration d'amour. Il m'avait remarquée alors que je montais l'escalier en contrebas de la piste, touché en plein cœur par cette « apparition », disait-il. Complimenteur, mais sans lourdeur, sûr de sa beauté et de ses charmes, mais sans crânerie, cet inconnu avait dans son regard, dans sa diction, une grâce et un mystère qui le plaçaient plus haut, beaucoup plus haut, que tous les autres garçons croisés au cours de ma jeune existence – je n'avais pas encore dix-sept ans. Conquise, je le fus dès ses premières paroles.

Il s'appelait Christophe, était chanteur, avait quatre ans de plus que moi et une joie de vivre entraînante, solaire. En même temps qu'un hymne à l'amour, le single qui l'avait fait connaître à cette époque, « Nous n'avons pas choisi ce monde », était une invitation au rêve et à la déraison. Très vite, Christophe m'ouvrit grand les portes de sa famille, et quelle famille. Son grand-père, qui était aussi son père adoptif, n'était autre que Guy Lux. Pour moi qui débarquais d'un autre continent et ne regardais pour ainsi dire jamais la télé, ce nom ne disait alors pas grand-chose. Guy Lux était pourtant l'une des stars intersidérales du petit écran ! On s'imagine mal aujourd'hui à quel degré de popularité avait atteint le créateur d'« Intervilles », au faîte d'une carrière d'animateur télé commencée dans les années 1960. Sa femme Paulette, être d'exception, m'accueillit au début très froidement, ayant été très attachée à celle qui m'avait précédée dans le cœur de Christophe, mais finit par m'adopter avec douceur.

Flamboyant, passionné de courses et de paris, grand joueur de casino, Guy était du genre sanguin. Il piquait parfois des colères homériques, faisant valser les objets d'un bout à l'autre de la pièce, mais ses emportements retombaient aussi vite qu'ils étaient montés. Je n'en fus heureusement jamais la cible, Guy ayant toujours cultivé à mon égard des manières de parfait gentleman. Il m'avait pris sous son aile et nous nous adorions. Toujours sur la brèche, ce tempérament de feu était un vrai généreux, d'une sensibilité exquise dès que son cœur parlait, profondément tolérant et bienveillant. Son humour corrosif n'était pas la moindre des qualités du personnage. Il promettait de belles tranches de rire quand nous l'accompagnions sur les champs de courses. Au restaurant de l'hippodrome de Vincennes, j'ai un jour croisé son complice de toujours, Léon Zitrone, autre turfiste devant l'éternel. Une scène haute en couleur est restée gravée dans ma mémoire. Guy avait misé une forte somme sur le cheval de son cœur, lequel avait perdu. Pris de fureur, le parieur défait avait envoyé valdinguer sa chaise, puis une deuxième, puis une troisième, à l'autre bout du restaurant. J'étais sidérée. Christophe, de son côté, finissait tranquillement son steak-frites, comme indifférent au tumulte. Cette scène d'un Guy Lux prêt à tout casser de rage d'avoir perdu, il l'avait vue se répéter depuis sa plus tendre enfance.

Vingt ans, c'est jeune pour se marier, mais la passion bouillonnante qui nous entraînait, Christophe et moi, imposait comme une évidence ce sacre d'amour censé nous engager pour la vie. Et à quelle fête avons-nous eu droit ! Un splendide corps de ferme niché au cœur du Val-d'Oise, non loin d'Enghien-les-Bains, accueillit les réjouissances. Pour faire danser nos 350 invités, j'avais jeté mon dévolu sur une grange au sol en terre battue, encombrée de tracteurs et d'appareils agricoles. Qu'à cela ne tienne, on évacua les machines et on fit couler une chape de béton sur le sol. Caprice de ma part ? Sans doute ! Du dîner, somptueux, aux premières lueurs du jour, qui voyait encore noceuses et noceurs mettre le feu à la piste de danse, ce mariage fut pour moi comme un rêve éveillé, un conte de fées moderne, une apothéose de joie et de délire. Au jeu de la jarretière, deux vedettes s'employèrent à faire monter les enchères : mon oncle Pierre-Luc Séguillon, que l'émission politique « Questions à domicile » avait rendu célèbre, et mon nouveau beau-père, Guy Lux. Puis la vie reprit son cours, vie nouvelle, vie à deux, partagée dans la coquette maison de Montmorency que Guy nous avait offerte pour cadeau de mariage. Vie rangée ? Pas si sûr…

13

Remplie de lui

Pour la première fois de ma vie, j'ai grossi, gonflé. Comme une baudruche. Vite, très vite : neuf mois de prise de poids ininterrompue. 49 kilos au départ, 80 à l'arrivée. Quoi de plus normal ? J'étais enceinte. Il n'empêche, ces hanches qui s'élargissent, ces cuisses qui enflent, ces joues qui boudinent, tout ce corps débordant qui vous enveloppe, vous leste, vous provoque, cette lourde masse de chair et d'eau qui soudain vous arrache à la tribu des sveltes, des élancés, des bien proportionnés, cette révolution radicale de l'apparence, ce passage au forceps de mince à grosse, de post-adolescente à mère de famille, de papillon de nuit à louve dans sa tanière, tout ce processus de maternité ô combien banal, commun, universel... prennent rétrospectivement une signification particulière pour qui sombrera un jour dans la boulimie, fût-ce bien longtemps après la « grossesse » – brut de décoffrage, ce terme veut bien dire ce qu'il veut dire, dans sa désignation triviale, organique, animale, de l'état d'« engrossée », de celle qui est devenue grosse, de la grosse.

Dorian était en moi. Mon fils, mon sang. Chaque seconde de ces neuf mois était une vibration d'amour envoyée dans sa direction. Christophe passait ses mains sur l'ovale de mon ventre : ça bougeait ! J'étais un jardin, une fleur, un ruisseau, pour ne pas paraphraser Renaud. Quand il est né, à trop vouloir m'aider dans l'effort, Dorian s'est fait un œil au beurre noir, avait le visage cabossé, et en prime la peau jaune et toute fripée. Il n'était pas beau, ce bébé. Mais combien le deviendrait-il ! Pour l'heure, au firmament du bonheur d'être père, extatique, pleurant de joie, Christophe trouvait que son fils ressemblait à un mini-Gainsbourg, avec sa paupière noirâtre et son teint décavé. « Tant mieux s'il ressemble à Gainsbourg, s'il a son talent ! » avais-je rétorqué. Cette certitude, j'y vois aujourd'hui notre petit coup de baguette magique, et comme une prophétie autoréalisatrice au vu de ce que Dorian est devenu à l'heure où j'écris ces lignes…

De 80 kilos avant l'accouchement, je suis passée à 70 une fois Dorian sorti de mon ventre. J'allais continuer à mincir, jusqu'à retrouver mes 49 kilos trois mois et demi plus tard. Tout cela était parfaitement normal. Et pourtant, c'est à cette époque qu'est apparue pour la première fois en moi comme une dissonance. Ou plutôt une angoisse, un trouble, peut-être une prémonition, liés à la présence de ces kilos en trop et qui ne fondaient pas assez vite à mon gré. Déjà, sans doute, les premiers troubles alimentaires s'enkystaient chez la jeune mère que j'étais devenue. Et sans doute était-ce parce qu'une part de moi-même avait reconnu cette présence, cette menace, que j'ai alors cherché à mincir en allant plus vite que la musique. Sinon, pourquoi me serais-je imposé un régime, moi qui n'en avais jamais eu besoin ? Et quel régime : le pire qui soit. Pendant plusieurs semaines, j'ai expérimenté les mélanges « diététiques » proposés par une célèbre marque, heureusement retirée depuis du marché français. Ce prétendu remède miracle était censé contenir assez de protéines pour remplacer un vrai repas. Tout le contraire d'un régime alimentaire sain et équilibré. Avec ses édulcorants artificiels, et parce qu'il favorise les calories au détriment des nutriments, sans compter les risques de pression artérielle, cet ersatz écœurant est aujourd'hui fortement déconseillé par les nutritionnistes. Pour ma part, je comprendrais plus tard que les régimes, quels qu'ils soient, ne constituent jamais un remède contre les troubles alimentaires. Au contraire, en obligeant le corps à des privations, ils jouent dangereusement sur son métabolisme et ouvrent la voie aux comportements dysfonctionnels face à la nourriture.

14

Saltimbanque

L'amour, le mariage, la venue d'un enfant, n'avais-je pas brûlé un peu trop tôt toutes ces étapes ? Non, la vie me souriait, j'étais heureuse, débordante de projets, n'ayant jamais cessé de travailler pendant toutes ces années qui avaient élargi mon horizon, fait battre mes ailes, transformé l'adolescente un peu perdue que j'étais en jeune femme libre, épanouie, décidée à se donner à fond sur les planches et à profiter de la beauté du monde. Preuve que je ne chômais pas, j'ai même fait une pub pour BN alors que ma grossesse était déjà bien avancée. Et les rôles au théâtre s'enchaînaient.

Une fois terminée ma formation au Cours Simon, j'avais passé le concours de la classe libre du Cours Florent, vivier de jeunes comédiens qui fut pour moi comme une seconde famille, et dont bien des élèves sont restés jusqu'à ce jour des amis chers. Le hasard des rencontres et l'inclination qui a toujours été la mienne pour les grands auteurs m'ont poussée à interpréter très jeune plusieurs textes du répertoire classique, *Iphigénie* de Racine, *L'Avare* de Molière, *Dommage qu'elle soit une putain* de John Ford, *La Mégère apprivoisée* de Shakespeare. Pièces tantôt montées avec les moyens du bord, tantôt sur la scène de grands théâtres. Autant d'occasions de parfaire ma connaissance du métier, d'apprendre à composer un rôle, à me couler dans un personnage, vibrant à l'unisson des fortes figures que j'interprétais. J'ai aussi tâté du spectacle pour jeune public avec *La Reine blanche*, mise en scène par l'attachant Henri Lazarini. Jouée sur la scène d'une péniche parisienne, cette pièce m'inspirait d'autant plus qu'elle traduisait la magie de l'enfance, sa dimension onirique et poétique. J'y calquais spontanément l'univers de Dorian, qui venait de naître.

Il y eut aussi, dans ces années, l'aventure à nulle autre pareille d'*Une envie de tuer*, pièce écrite par Xavier Durringer et montée par Thierry de Peretti. Avec ses contretemps, ses ruptures, ses quiproquos, avec ses personnages de jeunes paumés furieux de vivre mais incapables d'aimer, avec sa syntaxe tordue, ses mots crus, ses fulgurances poétiques, cette œuvre à la fois tendre et subversive était pour nous, comédiennes et comédiens, une invitation à donner tout ce que nous avions dans les tripes. Nous l'avons jouée deux années durant, jusque sur la scène du théâtre de la place de l'Horloge en Avignon.

Dans mes souvenirs, cette tournée dans la cité des papes occupe une place de choix. Toute la troupe logeait dans une maison mise à notre disposition par Canal Plus, car plusieurs acteurs de la pièce faisaient partie des jeunes espoirs sélectionnés par la chaîne cryptée pour les aider à lancer leur carrière. Les soirées tournaient systématiquement à la nouba... La journée, tout le monde mettait la main à la pâte pour placarder sur les murs d'Avignon les affiches d'*Une envie de tuer*. Je ne suis pas peu fière du petit fait d'armes accompli à cette occasion avec mon ami Stéphan Guérin-Tillié, autre membre de la troupe. Plutôt que de coller frénétiquement des dizaines d'affiches qui se perdaient dans la multitude, car tous les murs de la ville en étaient couverts, mieux valait choisir un lieu stratégique, incontournable, auquel personne n'avait pensé et qui donnerait à notre pièce l'écho qu'elle méritait. Tel était le plan qu'en bons flemmards que nous étions, Stéphan et moi avions mûri, car la vérité est que nous préférions lézarder en terrasse autour d'une bonne bouteille de rosé. C'est ainsi qu'à l'entrée d'une rue piétonne qui voyait passer chaque jour des milliers de festivaliers, nous avons attaché notre fameuse affiche à une alcôve en pierre en la faisant pendre avec des ficelles. Notre petite installation était si réussie que, le lendemain, elle s'étalait en une du quotidien *Libération*. Publicité inespérée pour la pièce, et gratuite avec ça ! *Une envie de tuer* fit ainsi le buzz, avec de nouvelles demandes d'interviews dans la presse.

Cette tournée avignonnaise renvoie aussi à des souvenirs moins folâtres. Mon mariage avec Christophe battait de l'aile. Insensiblement, l'amour fou des commencements s'était fissuré. Étions-nous trop jeunes ? Qui sait, l'eussé-je rencontré dix ans plus tard qu'il serait peut-être resté jusqu'au bout l'homme de ma vie. Pour l'heure, le fossé se creusait, les engueulades se multipliaient. Si nous restions complices, chacun sentait bien que l'autre commençait à lui échapper. Décision fut prise de rompre, lors d'une discussion au téléphone qui fut un crève-cœur, mais y avait-il une autre issue possible ? Je me souviens qu'à cette époque, j'ai perdu 3-4 kilos, comme si le chagrin de cette séparation m'entraînait vers une forme d'anorexie. Le divorce eut lieu quelques mois plus tard. Après l'audience, nous nous sommes tenu chaud en éclusant verre sur verre dans un petit troquet jusqu'à une heure avancée de la nuit.

C'est aussi pendant ce séjour à Avignon qu'un coup de fil de ma mère m'apprit la grande nouvelle : Dorian marchait ! Mon fils faisait ses premiers pas, et je n'étais pas là pour y assister. J'en ai pleuré. En choisissant cette vie de saltimbanque, étais-je en tain de rater l'essentiel ? À mon retour, sur le quai de la gare, mon petit bonhomme était là, tenant tout seul sur ses jambes. Il trottinait vers moi en essayant de garder l'équilibre, souriant aux anges. Je n'oublierai jamais cet instant.

15

Une place dans le bus

« Ahhh mais il est énorme, c'est pas possible ! » Ces mots d'enfant, Dorian les a prononcés sans malice, assez haut néanmoins pour que tous les passagers du bus l'entendent. Ils désignent l'homme qui vient de se hisser péniblement sur la plateforme et s'est installé sur le siège double en face de nous, occupant toute la place. Il est énorme, oui, comment prétendre le contraire ? Cette masse démesurée, ce corps douloureux dont chaque mouvement semble exiger un effort de titan, doit approcher 200, voire 250 kilos. Mais à ce degré d'obésité morbide, qu'est-ce que 50 kilos de moins, 50 kilos de plus ?

La phrase innocemment sortie de la bouche de mon fils me plonge dans une gêne sans fond. À cet instant précis, notre bus traverse le quartier du Marais. Nous revenons de l'école du cirque Arc-en-ciel, dans le 13e arrondissement, où je suis allée chercher Dorian. Il n'a que quatre ans. Je bredouille des excuses à l'intention du passager malmené par les mots de mon fils. Au final, Dorian est aussi embarrassé que moi par les conséquences de sa bourde dont il comprend confusément, à ma réaction, et à l'embarras des autres passagers, le caractère blessant. Mais notre voisin ne se formalise pas, au contraire. Comment faire grief à un si petit garçon de verbaliser dans l'instant, sans filtre, ce qu'il perçoit de la réalité qui l'entoure ?

Je n'ai jamais oublié la scène qui s'en est suivie. D'une voix douce, patiente, s'employant à rechercher des mots à hauteur d'enfant, des mots simples, directs, sans apprêt, ce monsieur inconnu a livré à Dorian une grande et belle leçon de tolérance. À commencer par une explication sur les causes de son apparence « énorme », liée à une maladie nécessitant un traitement à la cortisone, souvent synonyme d'obésité. Et de répondre à toutes les questions que Dorian se posait sans qu'il ait même eu besoin de les formuler. Comment vivre avec tous ces kilos en trop ? Comment marcher dans la rue, monter des escaliers, se rendre au travail, trouver la bonne position dans le lit pour dormir ? Comment endosser cette différence, et que faire du regard des autres ? L'obésité se guérit-elle ? En un remarquable effort de pédagogie, s'appuyant chaque fois sur des exemples concrets, sans pathos et parfois même avec drôlerie, notre voisin de bus a livré à mon fils toutes les clés pour comprendre. Dorian m'en parlera encore des semaines plus tard. Les autres passagers, eux aussi, l'écoutaient en silence, buvant presque les paroles de cet homme d'une cinquantaine d'années dont les mots soulignaient un tempérament cultivé, joint à une connaissance très fine de la nature humaine.

Au terme de cet échange, Dorian n'avait plus devant lui un passager « énorme » dont l'apparence, de prime abord, lui avait peut-être semblé se réduire à sa différence. Il avait devant lui un homme. « Tout un homme, fait de tous les hommes et qui les vaut tous et que vaut n'importe qui », pour reprendre la dernière phrase de Jean-Paul Sartre dans *Les Mots*, que je me répète souvent. Bien des années plus tard, débordée par mon propre corps, je devais méditer avec force cette leçon d'humanité prodiguée un jour de printemps dans un bus qui filait sur le boulevard Beaumarchais.

16

Maman fêtarde

Après le divorce, grand prince, Christophe m'a laissé l'appartement que nous occupions alors à Neuilly, deux étages au-dessous de chez Guy Lux. La nouvelle vie qui commençait pour moi serait d'abord marquée par une histoire d'amour avec un marin breton rencontré en Martinique, rêveur des océans prompt à s'élancer, toutes voiles dehors, des îles du Morbihan aux Açores, de Gibraltar à la pointe du Raz, navigations auxquelles je me joignais volontiers. Le reste du temps, je courais les tournages, enchaînais les rôles au théâtre, menant souvent de front plusieurs projets à la fois, multipliant les rencontres, les voyages, les amis d'un jour ou de toute une vie, toujours sur ma faim, toujours en mouvement. Tout-terrain.

Dorian partageait son temps entre son père et sa mère, trouvant un équilibre à sa convenance dans ce nouveau rythme. Je l'emmenais partout avec moi, restos, concerts, pots de fin de tournage, virées à l'étranger, parties de campagne... Sa petite frimousse blonde ne me quittait pas d'une semelle. Je n'avais d'ailleurs pas attendu que la vie nous sépare, Christophe et moi, pour sortir avec mon fils, qui savait s'adapter à n'importe quelle situation. Un épisode aurait pu néanmoins mal tourner. Dorian était encore bébé. Je m'étais rendue avec lui à une fête d'anniversaire où les décibels portaient haut. À l'écart du bruit, j'avais installé son couffin sur le lit de la chambre à coucher. Il s'y était endormi comme un loir. Toutes les dix minutes, j'allais lui rendre visite. Jusqu'au moment où, cauchemar, j'ai constaté que le lit ne portait plus trace ni de Dorian ni du couffin. Mon fils s'était volatilisé ! Ai-je jamais senti avec autant de frayeur le sol se dérober sous mes pieds, ma raison divaguer, ma vie se briser net en une seconde ? Et si Dorian était toujours sur le lit ? Sur le lit, oui, mais sous les manteaux négligemment jetés par les fêtards à leur arrivée dans l'appartement, ignorant qu'un bébé dormait là du fait de l'obscurité ? En un éclair, j'ai fait valser tous ces vêtements pour retrouver dessous, alléluia, mon petit garçon ensommeillé… qui ne semblait pas plus étonné que cela de la situation. La vérité est qu'il aurait pu s'étouffer. J'en frémis encore à l'heure où j'écris ces lignes.

Jeune maman divorcée, j'ai parfois poussé un peu fort sur la fête. Sans jamais m'y brûler les ailes. Bien des connaissances croisées durant ces années sont tombées dans les pièges de la nuit : défonce, cynisme mondain, je-m'en-foutisme alcoolisé et autodestructeur. Je n'étais pas de ce bois-là. J'ai toujours tenu la drogue à distance de ma vie, tout simplement parce qu'elle me fait peur. L'idée de sentir ma conscience vaciller sous l'effet d'une substance prohibée m'épouvante. Et la crapulerie des vendeurs de came qui rôdent autour des personnes fragiles me fait horreur. Quant à l'alcool, j'y goûte avec tempérance, sachant toujours m'arrêter avant le verre de trop. Pas besoin d'être pinté pour faire la fête, qui peut se pratiquer avec bonheur sans malmener l'équilibre entre le corps et l'esprit.

Les Bains Douches, dans ces années, brillaient encore de mille feux, associés aux noms de Cathy et David Guetta qui venaient de reprendre ce temple de la nuit parisienne.

Combien de soirées débridées y ai-je passées ! Je n'avais pas froid aux yeux, à en juger par les quelques photos de moi conservées de la grande époque des Bains : est-ce bien moi, avec ce décolleté qui plonge jusqu'au nombril et cette jupe si mini qu'on ne la voit même plus ? Au top de la minceur ! Parmi les fêtardes et fêtards qui hantaient le carré VIP, où j'avais établi ma base, un nombre incroyable de stars défilait, de Prince à Depardieu, de Robert De Niro à Catherine Deneuve. Un soir, un dragueur au long cours nommé Mick Jagger a tenté de faire de moi la 6750e proie épinglée à son tableau de chasse. Je lui ai poliment fait comprendre que je passais mon tour. Et nous avons trinqué à la beauté des Françaises !

17

Les joies du métier

Moi qui, petite fille, rêvais candidement de devenir une « star », avais-je mis toutes les chances de mon côté pour me hisser assez haut sur la scène ? Dans ce serment d'enfant conclu avec moi-même, n'y avait-il pas une part de déraison, d'orgueil, de folle prétention à refuser le lot commun, l'ordinaire des choses, la vie anodine et anonyme ? Non, j'avais assez les pieds sur terre pour ne pas laisser gonfler démesurément mon ego, et ne me berçais pas d'illusions. J'ai toujours cru en ma bonne étoile, de manière peut-être irrationnelle pour les autres, mais cette croyance insuffle en moi force et confiance, dussé-je affronter des tempêtes. Car j'ai aussi dû me battre. Trouver les bons rôles au théâtre, passer les auditions, convaincre les directeurs de casting, parlementer avec les agents, rebondir, attendre, espérer, tous ces hauts et ces bas qui composent la vie d'une comédienne exigent une capacité de travail et une force de tempérament sans lesquelles il serait impossible de tenir sur la longueur. Paradoxalement, à cette époque, je complexais sur mon physique.

Sans jamais cesser de me produire sur les planches, je ne compte plus les rôles, souvent modestes au début, acceptés durant ces années pour la télé et le cinéma. Citons, en vrac, *La Femme rêvée* de Miguel Courtois, *Parlez-moi d'amour* de Sophie Marceau, *Tous ensemble* de Bertrand Arthuys, *Viens jouer dans la cour des grands* de Caroline Huppert, *La Vérité vraie* de Fabrice Cazeneuve, *Les Rois mages* de Didier Bourdon et Bernard Campan, etc. Apparitions parfois réduites à la portion congrue, ce qui avait inspiré cette blague à mon frère Benjamin : « Quand on va cinq minutes aux toilettes pendant un film, on risque de rater les seuls plans où Ariane pointe le bout de son nez. » Mais je faisais mes gammes et toutes ces collaborations, au final, se sont avérées fructueuses. De pièces de théâtre en courts métrages, de films en séries télé, je commençais à me faire un petit nom. Je dois à TF1, en particulier, d'avoir contribué à ce début de notoriété en me confiant un rôle discret, mais taillé sur mesure et récurrent, dans *Sœur Thérèse.com*. L'audience de cette série, qui connaîtra plusieurs saisons, culminera dans sa période faste à 10 millions de téléspectateurs. J'y interprétais une tenancière de café au verbe fleuri, compagne du flic joué par Martin Lamotte. Souvenirs, souvenirs…

Mon premier rôle d'envergure au cinéma, c'est Philippe Harel qui me l'a offert dans *Tu vas rire, mais je te quitte*. Une comédie déjantée qui épinglait avec drôlerie le milieu du spectacle, le parisianisme, les paillettes, portée par un ping-pong verbal à donner le tournis. J'y jouais la meilleure amie de l'improbable bimbo interprétée par Judith Godrèche et de la très sympathique Coralie Revel, entre virées en boîte et dîners éthyliques. Le scénario était propice aux barres de rire qui n'ont pas manqué de ponctuer le tournage. Du rire et de la comédie, encore, mais cette fois seule sur scène avec mon one woman show *Mauvais poils*, écrit par Michaël Mourot et monté par Charles Meurisse au Théâtre du Petit Gymnase. L'histoire délirante d'une fille improvisée gardienne de chats, confrontée à des situations de plus en plus décalées, de plus en plus absurdes, car les félins lui hérissent le poil et celui qu'elle garde finit par geler sur son balcon… Je me souviens d'un pur moment de grâce, magique, aérien, comme il s'en rencontre peu dans une vie. C'était le soir de la première. La salle était pleine à craquer. J'attendais derrière un paravent que tout le monde s'installe, attentive aux moindres bruissements du public, envahie soudain d'un trac terrible qui faillit me faire prendre la fuite. Il a pourtant fallu que je me lance. Ma première scène était mimée. Durant les premières secondes, silence de plomb. Puis vint soudain le premier rire, suivi d'un autre, et d'un autre encore, jusqu'à ce qu'une mer de rires, un tonnerre d'hilarité convulsionne littéralement le public, conquis. C'était gagné.

Un autre moment rare, de ces moments qui vous portent en altitude et vous font aimer passionnément la scène, eut lieu quelques mois plus tard au théâtre Hébertot, à la fin d'une représentation de *Thalasso*. Cette pièce marque dans ma carrière une étape importante. Écrite par Amanda Sthers, qui allait devenir une amie précieuse, elle était mise en scène par Stéphan Guérin-Tillier – mon complice de la tournée avignonnaise, qui avait placardé avec moi la fameuse affiche d'*Une envie de tuer*. Entre questionnement ironique sur le poids des préjugés, satire sociale et situations ubuesques, la pièce mettait en présence les curistes d'une thalassothérapie tous vêtus du même peignoir blanc. Un petit bijou d'humour noir, porté par un très beau casting. J'y tenais mon rôle aux côtés de Gérard Darmon, Jean-Philippe Ecoffey, Thierry Frémont, Alexandra London... À la fin d'une représentation au théâtre Hébertot, donc, surprise. La salle était archi-comble et couvrait de vivats les comédiens qui saluaient le public. Il se trouve que c'était aussi le jour de mon anniversaire. Gérard Darmon s'en était souvenu... en invitant les spectateurs à célébrer ici et maintenant cette année en plus. Toute la salle s'est alors levée pour entonner un « Joyeux anniversaire » dont l'écho, porté par ces centaines de voix, me fait encore trembler d'émotion. Benjamin était dans le public, aussi bouleversé que moi.

18

Cocktail amer

Une soirée de printemps à Paris. Rue de Lille, à deux pas du musée d'Orsay, une célèbre agence artistique donne une fête en plein air, sous les arbres, dans la cour de l'ancien hôtel particulier qui accueille ses bureaux. Difficile de dater avec précision l'année de ce souvenir. 2017, 2018 ? Je me rappelle en tout cas le chiffre indiqué par ma balance ce jour-là : 97. À compter de l'époque de ma boulimie, il m'arrive d'associer rétrospectivement un événement non plus à un jour du calendrier, mais au poids atteint par mon corps à tel moment, dans telle situation. Comme si les unités de la balance avaient fini par l'emporter sur les repères de la chronologie.

Ces soirées d'agence sont une partie, et pas la plus désagréable, du métier. Actrices, acteurs, producteurs, réalisateurs, directeurs de casting, conseillers de programmes, la faune qui hante les lieux est de plain-pied dans le concret, dans le dur de la profession, parle projets en cours et à venir, prend la température du milieu, raffermit ses réseaux, pèse les valeurs montantes. L'air est doux, l'été s'annonce, les actrices sont belles. Pour la plupart d'entre elles, cette soirée a demandé des heures de préparation, mais le chic consiste précisément à n'en laisser rien paraître, à faire comme si telle robe faussement négligée avait été un choix de dernière minute, tel caraco une douce folie enfilée au débotté, pour parer au plus pressé, sans chichis bien sûr et en toute décontraction. En vérité, chaque pli de jupe, chaque ourlet de pantalon a été parfaitement évalué. Beaucoup de ces actrices savent qu'elles jouent ici leur carrière, autant voire davantage que lors d'une séance de casting. Sans surprise, ma presque centaine de kilos contraste avec la sveltesse ambiante.

Pas question de se laisser aller, c'est une soirée pro, mais l'ambiance bon enfant des festivités autorise à s'asseoir sur le pavé, par petits groupes, au son de la musique suave et feutrée qui nappe les conversations. C'est ainsi qu'avec deux copines actrices, nous choisissons un petit coin pour nous poser. Jusqu'au moment où l'une d'entre elles m'invite à l'accompagner au bar, car nos verres sont vides. J'essaie de me lever en même temps qu'elle, mais mon corps ne suit pas. Je me mets sur le côté, tente de faire levier avec mon bras, pousse de toutes mes forces, me fais mal. Rien n'y fait. Impossible de vaincre la pesanteur qui me cloue au sol. « Ça va, tu veux que je t'aide ? » lance ma copine un peu gênée. « Non, c'est bon, je vais rester assise un peu, pas de problème. » À cet instant, j'ai eu envie de disparaître, de me dissoudre, de téléporter mon corps loin, très loin, de cette soirée aux sourires Ultra Brite. Par quel miracle suis-je finalement parvenue à me relever ? En tout cas, j'ai décampé aussi vite que possible. Une fois dans la rue, en pleurs, j'ai appelé mon frère Benjamin. Ses mots ont séché mes larmes, lentement, mots d'amour et mots fragiles, mots de réassurance et mots tremblés, mots sortis de son cœur immense et que lui seul savait trouver pour m'arracher à mes complexes, vaincre mon chagrin, regonfler mes voiles et me pousser vers le large.

19

Ma famille recomposée

Dan a débarqué dans ma vie à l'époque du tournage de *Tu vas rire, mais je te quitte*. C'était l'été, Paris était une étuve et ce soir-là, je flemmardais en nuisette dans mon appartement du quartier de République. Aucune envie de sortir. Coup de fil de ma cousine Séverine : elle allait rejoindre des amis au resto, une fête les attendait ensuite dans le 18e, la nuit était belle, un parfum de tentation flottait dans l'air. Je me suis laissé convaincre. D'accord pour l'accompagner, mais telle que je me trouvais alors, c'est-à-dire en nuisette et sans passer par la rituelle séance de maquillage. J'ai quand même enfilé un jean sous le vêtement de nuit à fines bretelles, choix qui, au final, pouvait s'avérer plutôt sexy. Et me voilà partie en virée avec la tourbillonnante Séverine. Au restaurant, j'ai à peine remarqué ce garçon brun qui, une fois dans la fête, s'est contenté d'un petit numéro de drague assez convenu auquel je suis restée insensible. Je l'avais déjà oublié en rentrant chez moi.

Quelques jours plus tard, Séverine fêtait son anniversaire. Et me revoilà en présence du même Dan, convié au dîner organisé par ma cousine à cette occasion. Stature ténébreuse aux cheveux noir d'ébène, il n'avait pas seulement pour lui la beauté. Ce tchatcheur invétéré brillait d'abord par sa drôlerie, ses traits d'esprit décalés qui déclenchaient autour de la table des fous rires contagieux, incontrôlables. À tous les dîneurs, il me présentait comme sa femme, prétendait que nous vivions le parfait amour, brodait des histoires abracadabrantes sur les enfants que nous aurions ensemble... Un numéro de haute voltige ! Vers minuit, nous avons tous décollé vers une improbable fête qui s'est finalement traduite par une longue errance en voiture jusqu'à un bar de nuit que Dan tenait impérativement à me faire découvrir. Du bout des lèvres, j'ai cédé à deux ou trois baisers. Il a fini par me raccompagner en bas de chez moi. Avant de tourner les talons, Dan m'a lancé cette blague pourrie : « Tu sais, je ne couche jamais le premier soir. » J'ai attendu qu'il se réinstalle dans sa voiture, ai toqué contre la vitre pour qu'il l'ouvre et glissé à son intention : « Dommage car moi, je couche toujours le premier soir. » Ce qui était évidemment une galéjade, mais le savait-il ? Et je l'ai laissé pantois devant son volant. Plus tard, Dan me confiera être resté une heure dans sa voiture, attendant sans trop y croire que je redescende…

Je lui avais parlé de mon personnage dans *Tu vas rire, mais je te quitte*, des textes qu'il me restait à apprendre pour ce rôle et de la difficulté, pour les comédiens, de répéter seuls leurs répliques. Ni une ni deux, Dan m'avait proposé son aide, et nous voilà un après-midi dans mon salon à jouer mes prochaines scènes. De nouveau, il a tenté sa chance, un baiser, deux baisers, je résistais mollement mais le fait est que la magie tardait à opérer. Je trouvais ce garçon beau, drôle, attachant, ce marivaudage n'était pas pour me déplaire mais Cupidon rechignait à tirer sa flèche. Dan voulait venir sur le tournage. Je l'y avais convié un jour où l'équipe du film avait planté ses pénates au fond d'une impasse du quartier de République où se déroulaient les prises de vues. Je garderai toujours en mémoire ce moment. Au bout de la ruelle, j'ai vu, au loin, une silhouette avancer dans notre direction. Cet homme qui se rapprochait de nous à pas lents, presque nonchalamment, dégageait un magnétisme extraordinaire, aérien. Une force inébranlable, comme séraphique. J'en suis tombée follement amoureuse sans avoir compris, dans l'immédiat, qu'il s'agissait de Dan, ou plutôt dans l'instant même où j'ai pris conscience qu'il s'agissait peut-être de lui, mais dans l'incertitude, portée par ce flottement délicieux que prodigue la suspension du jugement.

Deux semaines plus tard, Dan me rendait visite avec sa fille dans une poussette, deux mois plus tard, il s'installait chez moi, six mois plus tard, il me demandait en mariage – et les noces ont été célébrées dans la foulée. Une passion totale, fulgurante, fusionnelle, venait de souffler comme un ouragan sur ma vie, portant au paroxysme mon bonheur d'avoir enfin trouvé l'âme sœur.

Dan, à l'époque, se cherchait. Avec son ex, il s'était occupé d'une école de théâtre tombée en faillite, s'était un temps rêvé comédien, avant de choisir un chemin moins aléatoire dans l'immobilier où son intuition, sa verve et son sens du contact feront des étincelles. Sa fille, Ellie, n'avait pas un an quand nous sommes tombés amoureux. Dorian l'a immédiatement adoptée comme sa sœur – et continue de la considérer comme telle. Comment ne pas fondre face à la mignonnerie de cette gamine à la peau si douce, aux traits si fins, aux cheveux bruns et lisses comme la soie ? Ellie, ma fille : j'ose l'écrire. Née d'un autre lit, et très attachée à sa mère, cette enfant n'en a pas moins remué au plus profond de moi la fibre maternelle. Elle était la fille que je n'avais pas eue. Moi qui, dans mon enfance, avais dû subir une belle-mère froide, revêche, je bâtissais avec elle le schéma inverse. En regardant ma petite famille recomposée, je me sentais fière de ce que la vie avait fait de nous.

20

En boutique

Après le succès de *Thalasso*, ma carrière de comédienne s'est insensiblement enlisée dans des projets qui, non seulement moins nombreux qu'auparavant, me semblaient aussi plus convenus, moins enthousiasmants. Les petits rôles glanés par-ci par-là dans tel ou tel film, les auditions qui se terminent en eau de boudin, les réalisateurs qui rappellent une fois sur deux, tout cela n'allait pas assez vite, pas assez loin. Avais-je placé la barre trop haut ? Quoi qu'il en soit, un matin, j'ai décidé de renverser la table. De la même manière qu'il m'arrive de m'envoler pour un autre continent à la dernière minute, sur un coup de tête, j'ai choisi ce jour-là de prendre la tangente, sans me retourner. À mon agent, j'ai fait savoir qu'il était désormais inutile de me faire remonter les propositions de rôle secondaire. Qu'il m'appelle pour un premier rôle, sinon rien. En attendant, j'allais mobiliser tout mon carnet d'adresses pour trouver un nouveau job, rompre les amarres, réinventer ma vie.

Après une journée entière passée au téléphone à solliciter amis, amis d'amis, famille proche ou lointaine, j'ai fini par décrocher un rendez-vous chez Maje, enseigne de prêt-à-porter étiquetée « parisien chic ». Un poste de directrice de boutique venait de se libérer. Je n'étais pas certaine d'avoir la tête de l'emploi... Fâchée avec les tableaux Excel, dépourvue de toute expérience en matière de management, ignorante des subtilités qui organisent la vente de vêtements, je me trouvais fort dépourvue face à cette proposition certes alléchante mais à des années-lumière de mon CV. Qu'à cela ne tienne, j'étais prête à relever le défi.

Dix jours plus tard, au terme d'un stage de formation express dans une boutique Maje de Passy (je n'y ai pas compris grand-chose), je débarquais dans le magasin dont j'étais désormais la directrice en titre, 24 rue Saint-Sulpice. Non sans une certaine appréhension, qui n'était pas sans ressembler au trac éprouvé en montant sur scène... Le staff était composé de cinq vendeurs et d'une d'adjointe, charmante, qui sut trouver en elle des trésors de patience pour guider les premiers pas de sa nouvelle patronne, regardée au départ comme une bête curieuse. J'ai rapidement trouvé mes marques, passionnée par ce nouveau job qui n'était pas si éloigné de ma vie d'avant… Tenir un magasin exige en effet des qualités de mise en scène, un art du jeu, de l'interprétation, du show, qui résonnaient puissamment avec mon expérience du théâtre. S'il m'arrivait d'arriver un peu en retard le matin, je gardais souvent la boutique ouverte bien après l'heure officielle de fermeture, 19 heures, réalisant le soir mes belles ventes auprès de la clientèle féminine attachée au Sénat situé non loin de là. Toute la journée sur le pont, ne partant presque jamais en vacances pendant toute l'année qu'a duré mon travail rue Saint-Sulpice, je caracolais dans le peloton de tête des chiffres d'affaires enregistrés par les magasins de l'enseigne. La direction de Maje n'avait qu'une seule crainte : que je ne retourne à mes anciennes amours, la scène et le cinéma.

Cette époque reste associée au bonheur et à la fierté d'avoir réussi ma reconversion professionnelle, mais des teintes plus sombres colorent aussi les souvenirs que j'en ai gardés. À bas bruit, comme une menace rampante, sournoise, indécelable sur le moment et pourtant déjà chevillée quelque part dans ma tête, dans mon corps, les premiers signaux du processus qui allaient me conduire à la boulimie ont commencé à clignoter. Peu après ma prise de fonction chez Maje, j'ai fait ma première fausse couche. J'en ai bavé : ma grossesse allait alors sur son cinquième mois. Trois mois plus tard, nouvelle grossesse, nouvelle fausse couche. Au total, l'horrible scénario s'est répété cinq fois. Au-delà du crève-cœur, de la douleur physique, du sentiment d'injustice qui accompagnaient chacun de ces ratés, c'était toute ma nouvelle vie avec Dan qui semblait parfois remise en cause. Cet enfant, mon mari et moi le désirions de toutes nos forces. Une petite sœur ou un petit frère pour Ellie et Dorian, et notre famille recomposée aurait été parfaite. À chacune de mes grossesses, je reprenais très vite du poids, puis le reperdais, et ainsi de suite, en un yoyo qui jouait dangereusement sur mon métabolisme et m'incitait peut-être à manger plus que de raison. Et puis, quand j'étais enceinte, plus question de faire du sport. Insensiblement, les kilos restaient, certes peu nombreux, mais tenaces.

21

Tiger Lily

Quand le numéro de mon agent s'est affiché sur mon portable, j'étais à la boutique. La consigne avait été claire : pas la peine de m'appeler pour une énième proposition de second rôle. Prémonition ? En me levant, ce matin-là, j'ai senti que cette journée ne serait pas comme les autres. J'en fus quitte pour remercier une fois de plus mon intuition. Ce coup de fil était la promesse d'un nouveau départ… vers mon ancien métier. Voici ce qu'en bref, mon agent avait à me dire : Benoît Cohen s'était vu confier la nouvelle série phare de France 2, *Tiger Lily*, il avait pensé à moi pour interpréter l'un des quatre rôles féminins principaux et souhaitait me rencontrer pour faire des essais. Comment ne pas sauter sur l'aubaine ! Je suivais depuis longtemps le travail de Benoît Cohen, ayant été particulièrement éblouie par sa direction d'acteurs (Mathieu Demy, Romane Bohringer, Laurence Côte...) dans *Nos enfants chéris*. Rendez-vous fut pris la semaine suivante pour les essais. Au jour J, j'ai donné le meilleur de moi-même, me sentant pousser des ailes pour obtenir ce rôle, aussitôt mise en confiance par un Benoît Cohen à la fois exigeant et bienveillant.

Quelques jours plus tard, nouvel essai en présence du réalisateur. Alors, ce rôle, je l'avais oui ou non ? Je me souviendrai toujours de cet après-midi passé au magasin, pris d'assaut par des nuées de clientes en cette période proche de Noël. Comme souvent dans les moments de rush, j'avais laissé mon téléphone portable dans l'arrière-boutique. Quand j'ai remis la main dessus, il y avait trois appels en absence. Parmi eux, un numéro inconnu. C'était celui de Benoît Cohen, qui m'annonçait la nouvelle tant attendue et me disait son plaisir de m'embarquer avec lui dans l'aventure de *Tiger Lily*. Posée sur les petites marches attenantes au magasin rue Saint-Sulpice, j'ai littéralement fondu en larmes. Larmes de bonheur, larmes de lâcher-prise, larmes aussi à l'idée que ma vie était parvenue à une bifurcation, car il me faudrait renoncer à un job que j'avais appris à aimer pour renouer, sur un coup de dés, avec l'artiste et la saltimbanque que j'avais été, et qu'au fond je n'avais jamais cessé d'être. Le besoin de création était si fort chez moi qu'à mes heures perdues, à l'époque de mon travail chez Maje, je m'étais mise à la peinture – sans grande virtuosité.

Pas question de planter du jour au lendemain les personnes qui, chez Maje, m'avaient accordé leur confiance à l'époque où j'avais eu besoin d'elles. Une période hautement stratégique s'ouvrait pour l'enseigne de prêt-à-porter. Nous étions fin novembre, les ventes de Noël allaient s'accélérer et les soldes auraient lieu en janvier. Bref, l'annonce de mon départ intervenait au pire moment. Heureusement, le tournage de *Tiger Lily* ne commençait qu'aux premiers jours de février. En bon petit soldat, j'ai tenu mon poste de directrice de boutique jusqu'au dernier jour des soldes, réalisant en guise d'adieux un chiffre d'affaires à donner le tournis. Le dimanche, j'apprenais mes répliques à la maison, avec Dan dans le rôle de répétiteur – grâce lui soit rendue d'avoir été si patient avec la pile électrique survoltée que j'étais devenue durant ces semaines de folie. Pas une minute de répit ! J'ai quitté mes fonctions chez Maje un 31 janvier. Le 2 février, j'embrayais sans transition sur le tournage de *Tiger Lily*.

Ce rôle, sans doute aurais-je eu moins de chances de l'obtenir sans les dix kilos supplémentaires que m'avaient valu les fausses couches à répétition. Benoît Cohen voulait un personnage pourvu d'une certaine rondeur, et m'avait même incitée à prendre encore un peu de poids avant le tournage. Le fait de devoir grossir « sur commande », même légèrement, n'a sans doute pas simplifié mon rapport à la nourriture. Sans le savoir, j'avançais déjà en terrain miné. Je cédais chaque jour davantage à mes fringales, sans m'inquiéter outre mesure des conséquences de ces menus écarts, persuadée que j'étais de pouvoir retrouver ma taille de guêpe en un clin d'œil. Il y avait loin, très loin, entre ces accès de gourmandise, ce léger surpoids, et l'addiction boulimique qui transformerait mon corps quelques années plus tard. Mais une faille était apparue, faille psychique à l'évidence et qui s'élargissait insidieusement, trompant ma vigilance.

Tiger Lily

Le personnage que j'interprétais dans *Tiger Lily* avalait pizza sur pizza, enrobait ses formes dans un treillis fatigué et travaillait dans un parking. Avec trois autres copines (Lio, Camille Japy, Florence Thomassin), cette post-quadra rageuse avait formé, dans les années 1980, un groupe de rock 100 % féminin qui avait mis le feu à la scène underground. Vingt-cinq ans plus tard, embarquées dans des choix de vie différents mais furieusement décidées à retrouver la fougue de leur jeunesse, les quatre tigresses décidaient de remonter leur groupe. Sorte de *Desperate Housewives* à la française, mais en plus déjanté, les six épisodes de *Tiger Lily* tissaient des histoires qui s'entrecroisent, racontaient des sentiments qui s'entrechoquent, des secrets qui refont surface, des amours, des déceptions, des amitiés, des espérances, des fidélités... sans jamais sombrer dans la niaiserie ou la caricature. Le succès critique de la série fut au rendez-vous, du *Monde* à *Paris-Match*, de *Télérama* à *Gala*, sans compter les émissions de télé dont une invitation au « Grand Journal » de Canal Plus avec mes trois consœurs. Avec, en prime, le sacre de la meilleure série au Festival de la fiction TV de La Rochelle !

Regonflée à bloc, j'avais repris ma vie de comédienne en main, en selle pour de nouvelles aventures. Sur le front sentimental, en revanche, la période était aux basses eaux. Ruptures et retrouvailles, nouvelles embrouilles et nouveaux rabibochages, promesses d'amour éternel suivies de déchirements toujours plus nombreux... Le quotidien de mon mariage avec Dan virait à l'orage. Comment en était-on arrivés là ? L'échec de notre projet d'enfant avait sans doute fait naître en moi une dureté que je lui faisais subir. Inconsciemment, je me hérissais de défenses fortifiées, mal dans ma peau, mal dans mon couple, peut-être déjà complexée par mon début de surpoids. Je renvoyais à Dan une image négative de moi-même, et je me barricadais. Notre relation restait passionnelle, mais était-ce encore de l'amour ? J'ai toujours pensé qu'une passion finit par s'étioler, tandis qu'une histoire d'amour, elle, triomphe de tous les écueils. Un beau matin, après une énième dispute, Dan a fait son sac et n'est jamais revenu, me laissant seule avec ma peine, anéantie. Le divorce était devenu la seule solution possible, au grand chagrin de Dorian et d'Ellie qui allaient désormais devoir vivre séparés. Ils n'en resteront pas moins frère et sœur pour la vie. Et au plus profond de mon cœur, Ellie sera toujours la fille que je n'ai pas eue. Aujourd'hui encore, notre relation reste fusionnelle.

22

Mon frère

Peut-on aimer la vie passionnément, chérir les siens, déborder de sève, de rêves, de désirs, de projets, et brûler cette même vie au feu d'une pulsion autodestructrice qui balaie tout sur son passage ? Par quel mystère le bonheur d'exister s'accorde-t-il parfois avec l'instinct de mort ? Contradiction insurmontable et tout entière résumée dans la trajectoire météorite de mon frère Benjamin, passager du monde qu'émerveillait chaque instant de la vie, destin brisé aussi par la désolation, l'angoisse, la détresse nichées au plus profond d'une enfance mise en pièces par la violence et l'hypocrisie des adultes.

Avait-il jamais été reconnu comme victime ? Sa souffrance ne méritait-elle donc pour seule réponse que le silence, la honte sourde de toute une famille liguée pour étouffer le scandale, gommer l'infamie, annuler en quelque sorte ce qui s'était produit ? Ce passé qui ne passait pas, ce déni étaient insupportables. Mon frère y a répondu à sa manière : en traçant sa route sans se retourner, à toute vitesse, porté par un élan vital qui le poussait à embrasser toutes les expériences, fussent-elles marquées du sceau de l'excès.

Parfaitement à l'aise dans les circuits alors émergents de l'économie numérique, doué d'un sens aigu de la nature humaine, bosseur, intuitif, cet incomparable tchatcheur avait trouvé sa voie dans le business. Benjamin est devenu millionnaire, a fondé une famille, puis une deuxième, fait des enfants, parcouru tous les continents, vécu mille vies, rêvé mille vies en plus, jamais rassasié, toujours en partance. Il s'est aussi beaucoup défoncé, petit prince de la nuit goûtant à tous les plaisirs prohibés. Je lui faisais des scènes, affolée de le voir ainsi ruiner sa santé. J'accusais aussi ses amis d'encourager ses mauvais penchants. Benjamin me répondait qu'il n'avait besoin de personne pour se mettre la tête à l'envers. Il s'en chargeait très bien tout seul et en parfaite connaissance de cause. De quoi redoubler évidemment mon inquiétude.

Ces hectolitres de vodka, ces montagnes de coke, ces virées éreintantes et répétées jusqu'au bout de la nuit, toute cette part sombre et addictive de Benjamin ressemblaient à un lent suicide.

Jusqu'à ce jour de 2015 où mon frère est tombé malade. Le mot terrible fut prononcé : cancer. Les cordes vocales, la gorge étaient atteintes. Pas besoin d'être Freud pour établir une relation entre ce mal, qui allait littéralement lui couper la voix, et la parole refoulée, l'absence de mots, l'injonction au silence qui avaient entouré les violences sexuelles dont Benjamin avait été victime dans son enfance.

De la minute où j'ai appris le cancer de mon frère date véritablement le début de ma boulimie. Qu'ai-je fait d'ailleurs aussitôt après avoir intégré cette information comparable à la dévastation d'un feu nucléaire ? Je me suis précipitée dans une boulangerie, engloutissant mécaniquement cinq pains au chocolat et cinq croissants, à la chaîne, sans réfléchir. Comme si la faille qui s'était soudain creusée en moi devait se remplir, être comblée, gavée. Moi aussi, comme Benjamin, j'allais devenir addict. Shootée aux matières grasses, au sucre. Dépendante à en crever, comme une droguée. La mort qui planait sur la tête de mon frère, l'angoisse éprouvée à l'idée de me retrouver une fois de plus abandonnée, privée de lui, seule au monde, cette perspective innommable, intolérable, réveillaient en moi une insécurité profonde qui allait trouver un exutoire dans la boulimie.

23

Le poids du quotidien

Un petit coup de cafard ? Deux tablettes de chocolat, six croissants. La peur de lâcher prise avant un rendez-vous important ? Un esquimau à la pistache, deux camemberts, dix tartines de beurre-confiture. L'amer sentiment de solitude qui s'insinue parfois, le soir, quand s'éteignent les lumières de la ville ? Deux baguettes, un paquet de Petits Princes. Chaque petite ronce du quotidien, la moindre contrariété, le plus infime souci étaient devenus prétextes à goinfrer. Pour assouvir ma faim ? Non, pour me remplir, apaiser un manque. Depuis l'annonce du cancer de mon frère, je cédais chaque jour davantage à cette pulsion incontrôlable qui me poussait à engloutir en un temps record des aliments non cuits, non préparés et le plus souvent hypercaloriques. Aussitôt passés, ces moments de « craving » me laissaient seule face à moi-même, en proie au remords et au dégoût de soi. La vie prenait alors une teinte lugubre, crépusculaire.

La boulimie est un processus insidieux qui aime prendre son temps avant de vous entraîner vers le fond. La vigilance face à la nourriture s'étiole progressivement, à l'image de celle du consommateur de cocaïne qui se paie d'abord une petite ligne le week-end, pour faire la fête, puis deux lignes, puis trois lignes, avant de s'autoriser, exceptionnellement, une nouvelle prise le lundi, puis le mardi, puis tous les jours, jusqu'à devenir addict, pieds et poings liés à la coke. À chaque étape, on se persuade qu'il sera toujours possible de revenir en arrière, on s'arrange avec sa conscience pour dédramatiser, pour céder, on remet au lendemain la bonne résolution d'hier, on se ment à soi-même et on ment aux autres. Comme toutes les addictions, la boulimie entraîne des stratégies d'esquive, se pare d'ombre, opère en cachette. Aux amis qui, un brin gênés, me faisaient parfois remarquer que j'avais pris du poids, je répondais que c'était pour un rôle dans un film, je fabulais, j'éludais. J'attendais toujours d'être seule, à l'abri des regards, pour me goinfrer, me shooter. Je planquais en lieu sûr des paquets de gâteaux, des plaquettes de chocolat, du pain de mie. Et combien de fois ai-je refusé une fête, un dîner, une sortie au ciné entre amis pour mieux pouvoir gloutonner seule chez moi, en tête avec à tête avec ma télé ? La nuit, à pas de loup, quand mon compagnon du moment était endormi, je me levais clandestinement pour faire main basse sur les glaces et les camemberts du frigo.

Mon corps changeait, avec le cortège de souffrances qui accompagne l'évolution d'une morphologie fine vers le surpoids et l'accumulation excessive de graisse. Il est moins pénible de basculer dans l'obésité quand on a auparavant une carrure de catcheuse, des articulations massives, robustes, qu'avec une charpente toute menue à l'origine, comme c'était mon cas. Tous ces kilos apparus sans crier gare exerçaient une pression inhabituelle sur mes hanches, mes jambes et surtout mes chevilles. Mes tendons me faisaient endurer un supplice, allant jusqu'à tripler de volume. Pour apaiser cette inflammation continue des tissus, j'ai fait appel à une spécialiste qui pratiquait des injections de graisse au niveau des ligaments, méthode connue sous le nom de « lipofilling ». Ce fut un temps efficace, mais je continuais à grossir et la douleur s'est réveillée à mesure que s'accentuait la charge qui pesait sur mes chevilles.

Mes jambes, mes jolies jambes étaient devenues pachydermiques. À force de se frotter l'une contre l'autre, leur partie interne était sujette à des rougeurs, écorchures et autres éruptions cutanées qui empoisonnaient chacun de mes déplacements. La nuit, pour éviter que mes cuisses ne se touchent, je plaçais un drap entre elles, mais il s'entortillait parfois malencontreusement autour de ma taille, entravant mes mouvements jusqu'à me faire chuter du lit en plein sommeil. Dans mon malheur, je me consolais en constatant que ma peau restait souple et soyeuse, évitant à mon corps ces affreux plis qui grèvent parfois celui des obèses et obligent à des lavements réguliers pour vaincre les dépôts qui macèrent dans les interstices. Cet épiderme en bonne santé, je le devais au sport, que je continuais de pratiquer au moins trois heures par semaine même au plus fort de la boulimie. Quant à ma libido, je l'avais connue en meilleure forme. Difficile de varier les positions quand on a dépassé 90 kilos. Difficile de s'abandonner. Ce corps dont j'avais honte, je préférais l'offrir dans l'obscurité. L'acte sexuel était devenu une épreuve.

Moi qui, selon les mots de mes amis, de ma famille, cherchais toujours à « en faire des tonnes », à « prendre toute la place », à « occuper l'espace », j'étais servie. Mais qui pouvait comprendre ma fragilité ? Cette soif inextinguible d'être vue, remarquée, ce désir toujours recommencé d'en rajouter, de m'imposer, de plastronner, ne composaient au fond qu'un seul et même masque. Derrière ce vernis extérieur, sous les apparences, se cachaient en réalité une extrême timidité, une insécurité profonde et le besoin éperdu d'être aimée. Tel un pansement venu recouvrir une blessure à vif, l'état momentané de « remplissage » obtenu par la nourriture était là pour colmater une brèche, combler un manque, pallier une carence affective. J'ai souvent repensé à cette scène de *L'Été meurtrier* durant laquelle Isabelle Adjani, en pleurs, supplie son père de l'aimer. Mon autodestruction par la nourriture était, elle aussi, un appel au secours, un cri de détresse que pourraient résumer ces simples mots : « Aimez-moi. »

24

Son petit bout de gras

Il est ma plus grande réussite, ma fierté la plus absolue, mon pilier. Orgueil maternel ? J'assume ! Comment ne pas être bluffée par l'infinie sensibilité, la précocité, l'intelligence des êtres et des choses qui ont fait de mon petit garçon ce jeune homme à la fois rêveur et les pieds sur terre, sincère, réfléchi, délicat, fier de sa réussite sans jamais céder à l'hubris qui emporte trop souvent les élus du succès ? Comment ne pas être émerveillée, subjuguée, retournée par l'incroyable alchimie qui pousse en avant ce fils prodige devenu l'une des stars mondiales de la musique électro ? Cette force, j'ai la prétention de croire que Dorian en tire la plus grande part de l'amour que je lui ai donné. Pas de cet amour par intermittence, de cet amour bancal, mégoté, parfois bâclé auquel m'avaient habitué mes parents, trop occupés par leurs propres vies. Leur affection hasardeuse, leur tendresse en dents de scie avaient été à l'origine du sentiment d'abandon et de solitude associé aux heures les plus cafardeuses de mon enfance, noir phénix toujours prêt à renaître de ses cendres. Dorian, au contraire, fut élevé dans un amour total, inconditionnel, enveloppant sans être étouffant, et fondé sur une confiance absolue. La confiance en soi : c'est le viatique que j'ai toujours cherché à cultiver, à fortifier en lui, la clé de son bonheur et le combustible de son épanouissement artistique.

Artiste, il serait. Telle avait été, dès sa venue au monde, la conviction partagée par son père et moi. C'était écrit : ce gamin aurait un destin à nul autre pareil. En classe de CP, il montait déjà sur les pupitres pour improviser des chansons de Claude François qui galvanisaient l'assistance. Diagnostiqué surdoué, tôt inscrit à l'école du cirque, il préférait les jeux de scène aux tables de multiplication, les acrobaties aux règles grammaticales, peu à son aise avec l'autorité, résolument allergique au rapport vertical maître-élèves. Dès l'école élémentaire, j'ai adopté sa bande de copains, Jean-Mimoune,

Roméo, Samuel, bientôt rejoints par César, rencontré en classe de sixième. Ce même César qui formera avec Dorian le duo Ofenbach, promis à un succès planétaire… Tous m'appelaient leur « deuxième maman ». À la maison, la musique était reine. Chez Christophe comme chez moi, les enceintes crachaient surtout du rock : les Rolling Stones, Led Zeppelin, Nirvana, AC/DC… Ces influences ont éduqué en profondeur l'oreille musicale de Dorian, qui était à bonne école avec son chanteur et guitariste de père. Mêlée à ces samples rock, la rythmique syncopée propre à l'électro-pop fera le succès d'Ofenbach.

Après le lycée, Dorian s'est inscrit dans une école de cinéma pour devenir réalisateur. Il y allait en touriste. Et puis, au début de la deuxième année, Dorian nous a annoncé qu'il souhaitait se consacrer uniquement à la musique, qui fut toujours sa passion première. À treize ans, il bidouillait déjà des sons dans sa chambre avec César. Dilemme parental : fallait-il ou non le laisser abandonner les études pour un choix de vie ô combien aléatoire ? Mais qui étions-nous pour décider à sa place du chemin qu'il voulait tracer ? Nous le savions né sous une bonne étoile. Comme d'habitude, Christophe et moi avons choisi de lui faire confiance. En posant quand même une condition : Dorian aurait un an devant lui pour mettre à l'emploi son immense talent au service de la musique, un an pour essayer d'en vivre, un an pour réaliser son rêve. Quoi qu'il advienne au terme de ces douze mois, nous serions toujours à ses côtés pour l'aider à réfléchir sur son avenir. Nous n'avons pas eu à attendre très longtemps. Au bout de six mois, repérés sur Internet par un producteur, Dorian et César signaient avec un petit label, puis avec une major de disques qui allaient les propulser au sommet. En 2016, leur premier tube d'électro-pop (ou de deep house, ou d'électro-rock, ou de French Touch 2.0 ? je m'y perds et quelle que soit la désignation retenue, j'aurai de toute façon droit à une remontrance de Dorian !), « Be Mine », cumulera des centaines de millions d'écoutes. Ofenbach allait s'élancer à la conquête du monde.

« Mon petit bout de gras » : l'expression est de Dorian pour qualifier sa gloutonne de mère qui, pendant ce temps, prenait kilo sur kilo. Expression tendre et amusée venue traduire l'impression de confort molletonné éprouvé par mon fils quand je le serrais dans mes bras, qui ressemblaient de plus en plus à ceux d'un gros nounours. La vérité est qu'au fond de lui, Dorian se faisait du souci pour l'auteure de ses jours. À sa manière, sensible, respectueuse, aimante, il me faisait sentir l'inquiétude qui le tenaillait, m'invitait à réfréner mes fringales, à me ressaisir, à me soigner. Avec lui, impossible de tricher, de prétexter que j'avais grossi pour un rôle dans un film ou pour telle autre raison tout aussi oiseuse. J'avais un problème de boulimie, il le savait, nous le savions, pas de faux-fuyants entre nous.

Le déclic est venu de lui, première étape du long et tortueux chemin qui allait me conduire vers la guérison. Ce moment fondateur fait suite à un mensonge de ma part. Un soir, lors d'une énième crise de « craving », j'avais englouti coup sur coup cinq ou six paquets de gâteaux. Comment expliquer leur absence du placard lorsque le lendemain, Dorian, saisi d'un petit creux, est venu me demander où étaient passés les Petits Écoliers ? J'ai botté en touche. « Mais non, il n'y avait aucun paquet de gâteaux dans ce placard. » Réponse de Dorian : « Maman, arrête, il y en avait plusieurs, je les ai vus… » J'ai fini par avouer, submergée par la honte. Plus jamais ça. Dorian ne méritait pas de voir sa mère lui mentir. Il ne méritait pas non plus de voir sa mère s'abîmer, en abîmant du même coup la relation de confiance qui avait toujours régné entre nous. Le temps était venu de faire face. La boulimie n'était pas une fatalité. J'allais trouver les armes pour lutter contre cette addiction.

Pour commencer, j'ai opté pour un traitement que je ne conseillerais à personne, à la fois onéreux, inutile et douloureux : le ballon gastrique. Par la place importante qu'il vient occuper dans l'estomac, cet accessoire est censé augmenter la sensation de satiété, diminuer la prise d'aliments et donc la surcharge pondérale. Le patient est attendu à la clinique avec ses propres bouteilles d'eau minérale : trois litres à ingurgiter pour faire « passer » le ballon dans l'œsophage. Le jour J, j'avais oublié les bouteilles. À peine aimable, le médecin m'a sommée de redescendre pour aller en acheter au supermarché du coin. Mon père qui m'accompagnait était aussi estomaqué que moi (sans mauvais jeu de mots). La pose du ballon fut un supplice.

Quand je suis sortie de la clinique, mon ventre était si douloureux que j'ai dû être réhospitalisée le soir même.

Le calvaire a continué les semaines suivantes : maux d'estomac permanents, nausées, spasmes, crampes, coliques, maux de tête, fatigue, déshydratation. Pour un résultat nul : au bout de trois semaines, j'avais repris toutes mes mauvaises habitudes alimentaires. Rien d'étonnant à ce constat d'échec : l'estomac est élastique et, n'en déplaise au ballon, se réadapte aisément à n'importe quelle quantité d'aliments. Bref, une expérience en tout point désastreuse, sans compter l'absence totale de suivi après la pose du ballon. Le chemin serait long avant que le « petit bout de gras » cher à Dorian ne retrouve sa minceur d'autrefois. J'allais bientôt comprendre que pour guérir de la boulimie, c'est d'abord la tête qu'il faut soigner.

25

En cure

Souvenirs contrastés que ceux qui accompagnent l'époque de mon retour sur les planches. Monté par Éric Assous, *Représailles* s'inscrivait dans la grande tradition du théâtre de boulevard, avec ses quiproquos et ses retournements, ses secrets d'alcôve percés à jour et les vacheries bien troussées que s'envoyait le couple formé sur scène par Michel Sardou et Marie-Anne Chazel. La pièce fit un carton, de Marseille à Monaco en passant par Lille et Strasbourg. Michel Sardou interprétait un personnage radin, râleur, de mauvaise foi. Dans la vraie vie, il est tout le contraire. En tournée, les masques tombent ; la vérité des êtres éclate au grand jour. Et la vérité de Michel Sardou ne correspond en rien aux caricatures qui lui sont trop souvent accolées, promptes à faire de lui le réac de service doublé d'un irréductible macho. Star jusqu'au bout des ongles, grand stressé, grand affectif, ce monstre sacré se révèle, dans le privé, attentif aux autres, ouvert, tolérant. Il arrivait toujours au théâtre deux heures avant la représentation, pour être sûr d'être prêt, pour humer l'ambiance, se préparer, mûrir ses répliques, se rasséréner. Quand une comédienne ou un comédien débarquait au dernier moment, il pouvait piquer de terribles crises d'angoisse.

La tournée de *Représailles* reste associée pour moi à de bons souvenirs, mais j'avais le moral en carafe. J'engloutissais des quantités toujours plus impressionnantes de nourriture, seule à l'hôtel devant ma télé. Je bâfrais aussi dans les loges, ou dans le van qui nous emmenait de ville en ville. À la moindre occasion, je m'éclipsais pour mener incognito mes razzias dans les supermarchés et les boulangeries, affolée à l'idée d'arriver après la fermeture. C'est à cette époque que Benjamin a subi une trachéotomie. Pour éviter la progression des métastases, il avait fallu se résoudre à l'ablation du larynx et des cordes vocales. Mon frère allait désormais respirer par une canule insérée au niveau de la trachée. Je n'entendrais plus jamais sa vraie voix, ses inflexions joyeuses et moqueuses. Accablée de chagrin, j'ingurgitais sachets de M&M's sur tablettes de chocolat, Bounty et Mars sur camemberts, pâtisseries industrielles sur paquets de chips.

Sans jamais reconnaître la gravité de mon addiction ni prononcer les trois syllabes qui fâchent, boulimie, j'ai fini pour m'ouvrir à Michel Sardou de mes problèmes de poids. Au fil de la tournée, nous en avons parlé de plus en plus librement, confiante que j'étais de trouver en lui une oreille attentive, un aîné bienveillant disposé à me faire profiter de son expérience de la vie. C'est lui qui, le premier, m'a soufflé l'idée d'un séjour en cure d'amaigrissement, et conseillé un établissement situé à Brides-les-Bains. Nichée dans un écrin de verdure au cœur des Alpes, cette station thermale est devenue la grande clinique française de l'obésité, avec son centre nutritionnel et ses structures hôtelières entièrement dédiées aux curistes.

Sitôt achevée la tournée de *Représailles*, j'ai ainsi posé mes valises dans le meilleur hôtel de la station pour un séjour de trois semaines. Je pesais 92 kilos à l'arrivée, bien décidée à les faire fondre grâce aux célèbres eaux tièdes de Brides-les-Bains, riches en silicium, en sel et en fer. Par leur effet diurétique, ces propriétés agissent comme un coupe-faim et un très efficace « déstockeur » de cellulite. L'emploi du temps des curistes est rigoureusement millimétré, inscrit sur une feuille de route fournie par les nutritionnistes et renouvelé chaque semaine. À commencer par les repas : 1 000 calories maximum réparties entre le petit-déjeuner, le déjeuner, le goûter et le dîner. Les journées étaient bien remplies : douches pénétrantes (balayage du corps par un jet d'eau thermale), bains, aérobains, enveloppements de boue, massages suédois, vapeur d'eau en étuve, cures de boisson... Sans oublier le sport : deux heures de marche ou de vélo quotidiennes à serpenter de montagnes en vallées dans un paysage grandiose.

J'ai rapidement copiné avec deux autres curistes, Odile et Laetitia, que je retrouvais à la piscine, au jacuzzi ou autour d'un verre – d'eau de source, cela va sans dire. Toutes deux avaient déjà largement dépassé le stade de l'obésité morbide, et plaçaient beaucoup d'espoir dans leur séjour à Brides-les-Bains. Pour retrouver un métabolisme « normal », l'une d'entre elles devait perdre au bas mot 70 kilos. Au terme de la cure, elle fut amèrement déçue de constater que sa balance n'indiquait que 6 kilos en moins. En échangeant avec elles, ou avec d'autres curistes souvent confrontées à l'obésité depuis de longues années, je découvrais un monde avec ses codes, sa terminologie, ses rituels. Faisais-je moi aussi partie de cette communauté ? Je me sentais très proche de toutes ces femmes, leurs problèmes étaient aussi les miens, leurs angoisses, leurs attentes résonnaient en moi, et pour cause. Mais je me sentais en même temps différente, ayant basculé dans le surpoids depuis peu, et demeurant très loin de la barre des 200 kilos qui étaient ici la norme plutôt que l'exception. Avec mes 92 kilos à l'arrivée, je pouvais passer pour la « mince » du groupe. Et plus encore à la fin du séjour puisqu'en partant, je pesais dix kilos en moins. Je les reprendrais malheureusement très vite.

C'est à l'époque de mon séjour à Brides-les-Bains que mon agent m'a fait part d'une proposition de TF1. Une nouvelle série d'été allait être lancée, avec pour décor la ville de Sète, où un immense studio de tournage s'édifiait dans une ancienne usine. Ils recherchaient une actrice pour interpréter le personnage d'une mère de famille. Pourquoi pas moi ? La production m'a demandé des bouts d'essais filmés, réalisés depuis ma station thermale par une amie qui avait eu la bonne idée de venir avec sa caméra. Nous avons bien rigolé. Et j'ai décroché le rôle. En route pour « DNA »…

26

Au rythme de ma série

Une série populaire en prime time diffusée cinq jours sur sept sur TF1 durant tout l'été ? J'ai un peu hésité avant de tenter l'aventure. Était-ce la bonne direction pour ma carrière ? Je sacrifiais alors au snobisme un peu ridicule qui tend à considérer la formule du « soap » comme un genre moins noble que les autres. Ces atermoiements avaient le don d'agacer Dorian, qui me tint à peu près ce langage : « Maman, c'est une opportunité formidable, fonce ! Ne sombre pas dans l'élitisme pathétique des acteurs français qui font la fine bouche dès qu'on leur propose un rôle dans une série télévisée grand public. Le surcroît de notoriété que tu y gagneras sera l'occasion d'élargir tes choix professionnels, d'ouvrir ton compas, bref, de t'épanouir ! Les Américains, heureusement pour eux, n'ont pas ces pudeurs de gazelle. » Et de me citer l'exemple de Johnny Depp, devenu célèbre dans les années 1980 grâce à son rôle dans la série *21 Jump Street*. Ou de Brad Pitt, qui fit ses premières gammes dans *Dallas*. Trente ans plus tard, parvenus au faîte de leur célébrité, ces deux acteurs cultes n'avaient pas hésité à rempiler pour jouer dans d'autres séries. Dorian avait raison, évidemment. Et au fond de moi, j'avais très envie d'y aller.

Il faut pouvoir imaginer l'incroyable impression produite par la découverte des studios de « DNA », gigantesque enceinte réunissant plus de quinze décors sur une superficie de 8000 m^2 située à l'entrée de Sète. La plupart des intérieurs emblématiques de la série s'y trouvent, le lycée, l'hôpital, le commissariat… et désormais le Spoon, à l'origine un vrai bar de Sète. Il accueillait au départ les tournages, avant d'être reconstitué en plateau pour plus de commodité : le Spoon originel était pris d'assaut par les fans ! Réunis en trois équipes, quelque 200 techniciens travaillent en flux tendu sur les épisodes.

Je débarquais dans un univers qui m'était jusqu'alors inconnu, fascinée par les moyens immenses déployés par cette superproduction. Quelle ne fut pas ma stupeur, en recevant ma première feuille de route, de constater qu'en une seule journée, pas moins de huit séquences m'étaient imparties ! Il devait y avoir erreur. Huit séquences ? Pour un film destiné au cinéma, on en comptait au maximum une ou deux par jour. Pour un téléfilm, quatre ou cinq. Coup de fil à la production : « Écoutez, il y a un problème. Quelqu'un s'est trompé en plaçant toutes mes séquences de la semaine le même jour. Donc je fais quoi demain ? » Réponse un brin amusée de mon interlocutrice : « Non non, personne ne s'est trompé, il s'agit bien de vos séquences de demain, et il y en a bien huit. » Je n'allais pas tarder à m'habituer à ce nouveau rythme.

Le succès des premiers épisodes a été tel que « DNA », de série d'été, a fini par s'imposer toute l'année avant le journal télévisé. J'allais désormais vivre en compagnie de mon personnage, Christelle Moreno, d'abord secrétaire de mairie, puis assistante sociale en hôpital, mère de famille accomplie, épouse fidèle d'un mari aimant, femme entière, sans chichis, au parler direct et au cœur gros comme ça. Un peu commère aussi, du genre qui écoute aux portes et aime se mêler des affaires des autres, à la fois grande gueule et fleur bleue, enquiquineuse et affectueuse, rouspéteuse et généreuse. Les fans de « DNA » l'ont gratifiée d'un surnom qui lui va comme un gant : « l'attachiante ». Ma personnalité ressemble-t-elle à la sienne ? Pas vraiment. Je suis plus timide, plus secrète, plus scindée, sans doute aussi plus fragile. Christelle Moreno est un roc. Je suis une tige qui ploie au vent. À l''inverse de la famille soudée des Moreno, la mienne, dès l'enfance, battait de l'aile, et j'ai divorcé deux fois. Gens simples, comme autrefois mes voisins les Duval, ce couple uni et leurs enfants composent un modèle de stabilité qui, malheureusement, ne fait pas écho à ma propre expérience familiale et amoureuse – j'aurais pourtant rêvé de passer ma vie avec le même homme. Reste, en partage avec mon personnage, l'immense générosité qui nous définit toutes les deux (oui, je le dis !). De ce point de vue, Christelle Moreno se nourrit de moi, et je me nourris puissamment d'elle en retour.

Plusieurs millions de téléspectateurs réunis chaque jour devant leur série fétiche, cela fait autant de personnes qui, soudain, vous reconnaissent dans la rue. À l'époque de *Tiger Lily*, j'avais déjà fait l'expérience de ces inconnus qui vous abordent en toute simplicité pour vous féliciter, demander un autographe, poser pour un selfie, mais les affres de la renommée n'avaient jamais atteint, à mon modeste niveau, un tel degré de ferveur ! J'en ai pris joyeusement mon parti, fière de tous ces aficionados qui semblent parfois considérer qu'à force de s'inviter dans leur salon, les actrices et acteurs de « DNA » sont devenus des membres de leur propre famille. À Sète, les sollicitations des fans se transforment parfois en scènes d'effusion collective. J'en ai pris la mesure le jour où la production avait organisé une séance d'autographes au Spoon – le vrai. Nous attendions quelques centaines de personnes, il en est venu plusieurs milliers ! Pour éviter un mouvement de foule, nous avons finalement dû faire barrer l'accès au café, et nous contenter de saluer les fans depuis le balcon, comme la famille royale d'Angleterre…

J'ai plusieurs familles à Sète. La grande famille des fans, qui retrempe mes forces et met du baume sur mon cœur. La famille des comédiennes, comédiens, techniciens et autres membres du staff attachés à « DNA », qui prennent plaisir à se réunir autour de grandes tablées sous le soleil d'Occitanie, ou au comptoir des bars, ou à la plage, ou tout simplement chez eux. Certains disposent en ville d'appartements loués par la production, d'autres préfèrent vivre à l'hôtel. C'est mon cas, et la transition toute trouvée pour évoquer enfin ma famille sétoise la plus resserrée : celle de l'Hôtel de Paris, où je descends à chacun de mes séjours et où je me sens comme chez moi grâce à Vanessa, la responsable du spa, devenue ma meilleure amie sétoise ; à Laetitia, la patronne, à la fois copine et maman – je précise que nous avons exactement le même âge ; aux deux serveurs Anthony et Kader que je surnomme mes cousins…

C'est à l'Hôtel de Paris que, le soir venu, je me cachais seule pour manger, bâfrant comme une automate devant la télé allumée. Les débuts de « DNA » coïncident avec la progression fulgurante du cancer de mon frère. Heureuse dans mon travail, j'étais dévastée sur le plan personnel. J'interprétais dans la série un personnage bien en chair. L'occasion était trop belle d'expliquer autour de moi que mon surpoids était lié au rôle qu'on m'avait confié. Et de soulager ma conscience en me donnant une raison supplémentaire de manger. La barre fatidique des 100 kilos n'allait pas tarder à être franchie.

27

Partir

Prendre le large. Céder à l'appel des confins. Partir, de préférence sur un coup de tête. Depuis ma jeunesse vagabonde, en digne héritière d'un père globe-trotter qui fit de sa vie entière un voyage, de la France à l'Afrique du Sud, de Saint-Barth à Madrid, je n'ai jamais cessé de courir le monde. Une envie de Mexique ? Trois jours plus tard, me voilà au milieu des pyramides de Teotihuacan, arpentant les ruines à la recherche du mystère des *Quatre Accords toltèques*. « Allô Ariane, c'est Benjamin, fais ta valise, je t'emmène à Barcelone illico presto. » Sitôt dit, sitôt fait, et que vivent la Sagrada Familia, le musée Miró, les nuits du Passeig de Gràcia. J'ai parcouru l'Afrique d'est en ouest, du nord au sud, revenant quelquefois à Johannesburg où m'attachent tant de souvenirs et des amitiés qui ont su résister au temps.

Ville d'adoption d'une partie de ma famille, Los Angeles est un peu mon deuxième chez-moi et l'endroit où j'aimerais vivre un jour. Mon cousin Mathieu Schreyer, DJ, mixeur, producteur, y a fait son nid pour devenir, à force de talent, l'un des principaux ambassadeurs de la French Touch à Los Angeles. L'accompagner dans ses soirées, c'est pénétrer dans un autre monde... Par son intermédiaire, j'ai été invitée à la répétition d'une pièce réunissant Rosario Dawson, Annette Bening et Dustin Hoffman au théâtre de Santa Monica. Privilège entre tous que de pouvoir assister, quasiment seule dans la salle, au travail de scène de ces trois génies de l'interprétation concentrés sur les difficultés de leur texte. La côte ouest est aussi la terre d'élection de mon cousin Julien Schreyer, éclairagiste chez Pixar à San Francisco, et de ma cousine Solenn Séguillon, qui exerce ses talents de violoniste dans la même ville (quelle famille !).

Quand on devient obèse, la pratique du voyage, et avec elle le regard porté sur les pays traversés, sont quelque peu chambardés. À commencer par les vols en avion. Les compagnies aériennes françaises logent tout le monde à la même enseigne, gros et minces. Vogue la galère une fois installée sur un siège bien trop étroit pour ma surcharge de kilos, à côté d'une voisine ou d'un voisin moyennement ravis d'avoir à supporter cette mitoyenneté venue déborder sur leur propre espace de confort. Les compagnies états-uniennes, pour leur part, ont su anticiper le problème en créant des sièges plus spacieux, ou en réservant des places doubles pour les passagers en surpoids. Avec ses traditions de tolérance, ses facultés d'adaptation et d'innovation, la culture américaine s'est employée à faciliter le quotidien des obèses, bien plus nombreux, il est vrai, de ce côté-ci de l'Atlantique. Rappel en un chiffre : l'obésité concerne aujourd'hui 40 % de la population américaine. Par la force des choses, ma condition de grosse de même que les réactions suscitées par ma « différence » ont été beaucoup moins pénibles à vivre dès lors que je me trouvais aux États-Unis. Dans ce pays neuf où tout est démesure, où une salade César servie au resto est trois fois plus généreuse qu'en France et un hamburger deux fois plus gros, on se sent moins seule quand on explose le nombre de calories. Cet excès américain, au fond, m'a toujours attirée (excès par ailleurs présent dans la pratique du sport : pour une heure de jogging en France, deux heures à Central Park !). Je me souviens de l'étrange sensation qui s'est emparée de moi un jour où je déambulais sur une avenue de Las Vegas, ville XXL par excellence. Les passants qui avaient franchi la barre des 200 kilos étaient légion. Avec mes 105 kilos, je me sentais presque mince. De quoi être encore un peu plus agacée, de retour dans mon pays, par le culte du corps parfait qui continue de dicter sa loi et marque douloureusement les obèses du sceau de leur différence. Quand aurons-nous enfin en France notre Ashley Graham, taille 48, qui affiche joyeusement sur Instagram ses convictions « body positive », fière de ses courbes et de ses vergetures ?

Moins lourd est aussi le regard porté sur l'obésité dans les sociétés du Maghreb et dans le reste du continent africain. Étonnant paradoxe : en France, depuis l'époque de mon surpoids, j'avais au moins la consolation d'être moins sollicitée par les dragueurs de rue ; au Maroc ou en Afrique noire, au contraire, mes rondeurs, mes bourrelets attiraient les hommes en pagaille… Grosse et donc belle d'un côté de la Méditerranée, moche parce que grosse de l'autre. Diktat de la minceur ici, culte des pansues là-bas. Je n'ai jamais mis les pieds en Mauritanie, mais j'ai récemment lu un article qui invite puissamment à la réflexion. Dans ce pays, le surpoids est à ce point valorisé que l'on y pratique le gavage des jeunes filles bonnes à marier... À quelque civilisation qu'ils appartiennent, les clichés relatifs au corps de la femme ont décidément la vie dure.

28

Les ravages de l'absence

« Ariane, je suis inquiet, tu grossis beaucoup. Qu'est-ce qui se passe ? » Ces mots, Benjamin les a prononcés sur son lit d'hôpital, en chimio, juste avant sa trachéotomie. À petit feu, le cancer accomplissait son œuvre de mort. Les métastases progressaient, malgré les traitements, malgré la détermination de mon frère à guérir, malgré l'instinct de vie. Benjamin souffrait, luttait. Lui qui allait bientôt passer sur la table d'opération pour y laisser une partie de sa gorge, lui si diminué, si vulnérable, voilà qu'il se faisait du mouron pour sa grande sœur et ses kilos en trop. J'ai laissé jaillir mes larmes, de ces grosses larmes d'enfant que Benjamin avait déjà vues rouler sur mes joues quand je me sentais seule au monde. En me posant cette question, il savait d'expérience que la réponse ne serait pas facile. Comme il avait été addict à la coke, j'étais aujourd'hui drogué à la bouffe, et les drogués se refusent à confesser l'emprise qui les ronge, la sujétion qui les détruit. Dans ma boulimie, n'y avait-il pas aussi, tapie au fond de moi, cette volonté inconsciente d'agir par mimétisme, de me placer au niveau de mon frère et de sa maladie en sombrant moi aussi dans la dépendance ? Voilà au moins quelque chose que nous pourrions partager, désormais.

Alors, je me suis confiée à Benjamin. Oui, je bâfrais. Oui, j'étais malheureuse, et terrifiée à l'idée de le perdre, et sans force pour lutter contre l'appel du gras, du sucre. Oui, je me cachais. Moi qui avais toujours voulu protéger mon frère, le sauver, je vivais brusquement la situation inverse. C'était Benjamin qui, atteint d'une maladie mortelle, cherchait désormais à me secourir. Étrange et douloureuse réversibilité des sentiments. Échange fusionnel, tripal, des réflexes qui président à l'amour entre un frère et une sœur.

Combien de sachets de M&M's, combien de paquets de gâteaux ai-je alors engloutis dans les salles d'attente, sursautant au moindre grincement de porte, craintive que j'étais de voir apparaître les médecins avec leurs mines déconfites et leurs verdicts toujours plus pessimistes ? Après la trachéotomie, Benjamin a subi une opération extrêmement délicate, prise en main par les meilleurs chirurgiens du larynx. Elle n'a pas donné les résultats espérés. « Il me reste peut-être une chance sur 1 000 de vivre, mais pourquoi pas ? Je suis le fils de la chance », voulait croire mon frère. Il a tenté l'opération du dernier recours, sans plus de succès. Jusqu'à être admis en soins palliatifs. Sa seconde femme, Magalie, avait dû partir en Afrique du Sud pour s'occuper de la maison que Benjamin, pris de nostalgie pour le pays de sa jeunesse, y avait acquise depuis peu. Pendant cette absence d'une semaine, elle s'en était remise à moi pour lui prodiguer affection, réconfort, et tenter de lui changer les idées. Depuis l'établissement de soins palliatifs Jeanne Garnier, dans le 15e arrondissement, Benjamin et moi faisions régulièrement l'aller-retour en ambulance jusqu'à l'unité d'oncologie de l'hôpital Tenon, à l'autre bout de Paris. Voyages marqués par de mémorables crises de fou rire, comme pour mieux conjurer l'angoisse et parce que Benjamin, facétieux jusqu'au bout, ne détestait rien plus que les mines d'enterrement suscitées par la progression de son cancer. Exemple de délires parmi d'autres : dans l'ambulance, alors que je prenais une photo de lui pour l'envoyer à Magalie, mon frère, s'avisant qu'une charmante infirmière était dans le champ, avait lâché à son intention : « Cachez-vous, vous êtes trop jolie. Magalie va être jalouse ! » Son humour, son sens de la dérision étaient restés intacts.

Il ne restait plus d'espoir. Benjamin savait sa fin prochaine. En ce beau mois de juin 2018, après chacune de mes visites à son chevet, je m'effondrais en larmes, terrorisée par cette question glaçante, obsédante : et si l'image que j'emportais de lui était la dernière ? Par un après-midi radieux, en entrant dans sa chambre, j'ai découvert le visage de mon frère inondé de lumière. Par les persiennes, les rayons du soleil jouaient sur son regard opalescent, les fameux yeux bleus, intenses, des Séguillon, qui semblaient ce jour-là à la fois plus étincelants et plus profonds que tous les autres jours de la vie. Le pépiement des mésanges et des étourneaux emplissait le jardin, glissant jusqu'à nous par la fenêtre entrouverte. Leur chant, cette lumière tout en douceur, la physionomie apaisée de Benjamin conféraient à l'instant une sorte de magie, de grâce, comme une parenthèse enchantée, hors du temps, comme un moment volé à la méchanceté du sort qui nous était fait. De son petit filet de voix, devenue méconnaissable depuis la trachéotomie, ahanant avec effort chacun des mots qu'il avait préparés à mon intention, Benjamin doucement m'a dit : « Ariane, profite de ce souffle qui va me manquer, la vie est tellement belle. Je t'en supplie, profites-en. » Mots magnifiques, qui scintilleront pour toujours au plus profond de moi. En les prononçant, mon frère me donnait l'autorisation d'être heureuse.

Benjamin nous a quittés une semaine plus tard. Il avait tenu à ce qu'au jour de ses obsèques, tout le monde soit vêtu de blanc.

Le temps ne m'enlèvera pas mon frère. Benjamin, je suis le souffle que tu n'as plus, je suis la vie qui t'a quitté, je suis le rire qui s'est tu, je suis la folie qui s'est envolée. Je t'aime.

29

Grossophobie

Elles sont grosses et je les trouve belles. Ces rondes sont des bombes. À l'aise avec leurs kilos. Attirantes, sensuelles. Fières de leurs fesses rebondies, de leur poitrine généreuse, de leurs bourrelets. Extra-larges, plantureuses, et parfaitement raccord, dans leur tête, avec l'aiguille de la balance. Marre des kilos-chagrin, vive les kilos-bonheur ! Plutôt Ashley Graham que Kate Moss ! De plus en plus de femmes assument avec bonheur leur surpoids. Si mes 100 kilos n'avaient pas été la conséquence d'une fêlure intime, d'un mal-être, j'aurais sans doute pu, moi aussi, me sentir en harmonie avec ma taille XXL. Quand je regarde les photos prises à l'époque de ma boulimie, je ne me trouve d'ailleurs pas si moche. Je vivais pourtant très douloureusement ce changement d'apparence, tributaire que j'étais du diktat de la minceur, de la dictature du tout « light ». Et puis, comment se sentir épanouie quand la prise de poids est le résultat d'une addiction, d'une souffrance ? Je ne voulais pas de ces kilos. Ils s'imposaient à moi et venaient souligner une faille, une dysphorie. Ils s'imposaient aussi aux autres. Ce que je pouvais lire dans leur regard m'arrimait encore plus impitoyablement à ma « différence ».

Il faut pouvoir imaginer la violence symbolique, le mépris voire la haine que peuvent susciter en France les personnes confrontées au surpoids. En la circonstance, les réseaux sociaux agissent comme une redoutable caisse de résonance des préjugés qui macèrent au plus profond des mentalités collectives. « Baleine », « hippopotame », « boudin », « bouboule », « gros tas », « barrique »… j'ai eu droit à toutes les déclinaisons du « fat shaming », pour reprendre l'expression adoptée aux États-Unis pour désigner ces insultes grossophobes qui fleurissent sur les réseaux sous couvert d'anonymat. Bien sûr, ces torrents de bêtises, ce déversoir de fiel ne concernent qu'une infime minorité des messages publiés sur Instagram ou ailleurs. Ils n'en révèlent pas moins la force des stéréotypes, l'inconscient d'une société qui, en survalorisant la minceur, en vient à produire mille vexations et autres menus affronts visant au quotidien celles et ceux qui, pour leur malheur, dévient de la « ligne » – entendue ici au sens propre. Dans un registre plus contourné, mais non moins blessant, la presse people y va aussi parfois de sa petite musique, du genre : « La ravissante Ariane Séguillon n'est plus ce qu'elle était »... Et puis, il y a toutes ces remarques proférées sans réelle intention de blesser (quoi que), toutes ces petites flèches décochées l'air de rien et qui ont l'art de vous maintenir la tête sous l'eau. Morceaux choisis : « Tu devrais mettre des talons, ça affine », « tu es belle... pour une ronde ! », « tu es courageuse d'oser te mettre en maillot », « quand on veut maigrir, on peut »... J'en passe et des meilleures.

Quand il n'est pas moqué ou stigmatisé, l'excès de poids est tout simplement ignoré, comme si personne n'avait à s'en plaindre, comme si tous les Français appartenaient à l'espèce des minces. J'ai déjà évoqué les compagnies aériennes qui persistent à faire comme si les obèses n'existaient pas, les obligeant à se contenter du lot commun, en l'occurrence un siège inadapté à leur masse corporelle. Mais le problème est le même dans les transports publics, les administrations, les espaces de loisir. Quant aux magasins de vêtements, tout semble y être organisé pour en exclure les corps en surpoids. Au-delà de la taille 40, point de salut : personne ne semble avoir pensé aux grosses. Ou plutôt si, mais dans des magasins spécialisés, comme pour mieux leur signifier qu'elles appartiennent à un monde à part. L'une de ces boutiques est située en face de chez moi. Je me suis longtemps refusée à en franchir la porte. Jusqu'au jour où j'ai cédé, poussée par la nécessité. Je ne rentrais plus dans mes fringues ! À l'intérieur, malaise : toutes les vendeuses déployaient les atours d'une insolente minceur. Étant donné la clientèle, ces tailles de guêpe, ces jambes longilignes m'ont semblé une véritable erreur de marketing. J'ai fini par jeter mon dévolu sur une combi noir et blanc, pas franchement jolie. Je ne l'ai jamais portée de ma vie, pas plus que je n'ai remis les pieds dans ce magasin.

Dans l'une de ses pubs pour sa ligne de vêtements sportwear, une célèbre marque de prêt-à-porter a récemment choisi de mettre en avant des femmes aux formes généreuses. On y voit la chorégraphe Jessie Diaz, la joueuse de basket Julie Henderson et la yogi Jessamyn Stanley pratiquer leur sport avec une joie communicative. Pied de nez bienvenu aux codes de la mode qui ne jurent que par les ventres plats et les tailles élancées. Le bât blesse néanmoins quand la même marque prétend porter le même message en lançant une autre campagne qui, cette fois, loupe carrément son but, jusqu'à aboutir au résultat inverse. Ce clip de pub fait figurer six femmes qui affichent leurs rondeurs en souriant. On peut déjà s'étonner du choix des images en noir et blanc, connues pour amincir l'apparence, avec leur effet visuel « aplatissant ». Pourquoi promouvoir les rondeurs tout en s'efforçant de les atténuer ? Bon, passe encore, c'est peut-être moi qui pinaille. Mais il est beaucoup plus pénible et problématique d'entendre ces femmes proclamer « Je suis très belle ». Pourquoi le préciser ? Parce qu'il y aurait comme un doute à ce sujet ? Quand c'est une évidence, on n'a pas besoin de le faire remarquer.

30

Guérir

Était-ce un lent suicide ? Depuis la disparition de Benjamin, en une fuite en avant que rien ne semblait pouvoir arrêter, j'accumulais kilo sur kilo, exerçant sur mon corps une pression toujours plus forte, jusqu'à côtoyer dangereusement l'obésité morbide – celle-ci est atteinte lorsque l'indice de masse corporelle (IMC) est supérieur à 40 kg/m^2. Je pesais déjà 105 kilos et à ce rythme, si rien n'était fait, bientôt 110, 120, 150, peut-être 200. Jusqu'où, jusqu'à quand ? Stop. Il était temps de dire stop. De dire non au processus d'autodestruction, et oui à la vie. De m'arrêter à 105 kilos, sous peine d'y laisser ma peau. On l'oublie trop souvent : l'obésité tue. En Europe, elle est devenue la deuxième cause de décès juste après le tabac. À l'échelle mondiale, quelque 3,4 millions de personnes meurent chaque année pour cause d'excès de poids. Infarctus du myocarde, insuffisance respiratoire, cancer hépatique, accident vasculaire cérébral : autant de complications, parmi beaucoup d'autres, entraînées par l'obésité et pouvant s'avérer fatales.

Le ballon, la cure, les pseudo-régimes avaient été autant de pis-aller. Je sentais bien, au fond de moi, que ces stratégies d'évitement me ramèneraient toutes à la case départ. Le vrai problème était dans ma tête. Il était temps d'affronter cette évidence. Alors, un beau jour, j'ai franchi la porte de son cabinet, dans ce petit bureau du Trocadéro où j'allais désormais me rendre deux fois par semaine. Spécialiste des troubles du comportement alimentaire, cette incroyable psy sut immédiatement trouver les mots pour me mettre en confiance. Douce, intuitive, patiente, exigeante, douée d'une faculté d'empathie à nulle autre pareille, cette praticienne hors pair m'avertit d'entrée de jeu que le chemin serait long, et semé d'embûches. C'était à moi, et à moi seule, de reprendre les rênes de ma vie, avec son aide, bien sûr, mais poussée par mes propres forces, ma volonté de remonter à la surface, d'en finir une fois pour toutes avec l'instinct de mort, de guérir.

Il a fallu commencer par identifier les carences affectives et autres bleus à l'âme qui, au fil de ma vie, avaient pavé le chemin qui me conduirait à la boulimie. Avec ma psy, j'ai appris à cerner les contours du sentiment de culpabilité qui avait corrodé mon enfance et continué à se déployer ensuite, en réaction aux violences subies par Benjamin et aux séquelles héritées de ce traumatisme. Je m'en voulais de n'avoir pas su protéger mon petit frère du prédateur qui avait saccagé sa jeunesse. Je m'en voulais de l'avoir laissé s'abîmer dans les addictions, dans la nuit. Je m'en voulais de sa maladie. Ma crainte de le perdre, puis le terrible vide laissé par sa mort, n'avaient fait qu'augmenter cette culpabilité vénéneuse, et avec elle ma peur d'être délaissée, abandonnée. Cette crainte pianotait sur un autre registre : mon besoin d'amour, ou plutôt le manque d'amour qui m'avait si souvent rendue malheureuse. Raison pour laquelle j'étais à ce point dépendante des autres, de leur regard, de leur affection. Raison pour laquelle aussi, sans doute, j'avais choisi le métier de comédienne : pour être aimée de la terre entière ! Au fil des séances, j'ai appris à me recentrer sur moi, à me faire confiance, à m'aimer, progressivement délivrée de cet état d'insécurité profonde qui m'enchaînait au regard des autres, à l'amour que j'attendais d'eux. J'ai aussi appris à alléger, jusqu'à le faire disparaître, le fardeau de culpabilité dont je portais le poids depuis l'enfance. Non, je n'étais pas responsable des souffrances de Benjamin. Je pouvais l'aimer, chérir son souvenir, continuer de me confier à lui par-delà la mort, sans être tenue de me sentir coupable ou punie. Manière pour moi, aussi, de commencer un nouveau dialogue avec lui.

Par cet effort de travail sur les nœuds du passé, j'ai pu commencer à mettre des mots sur mon addiction, à regarder en face la maladie qui avait failli m'entraîner vers le fond. D'une séance à l'autre, j'ai aussi appris à écouter mon corps et, ce faisant, à envisager enfin un rapport plus apaisé à la nourriture. Je revenais de très loin, entre une mère obsédée par sa ligne et une belle-mère qui obligeait les enfants à finir leur assiette. Ni se priver, ni se forcer ! Tel pourrait se résumer le principe du bon gouvernement en matière de lutte contre la boulimie. La notion de privation constitue l'alpha et l'oméga des régimes alimentaires, comme si mincir devait nécessairement engager des sacrifices. Cette mise en coupe réglée du métabolisme, ce renoncement à la joie des papilles constituent à mes yeux un non-sens. Aussi paradoxal que cela puisse paraître, perdre des kilos n'est pas incompatible avec le plaisir de manger, au contraire ! Pourquoi se faire violence ? Le véritable antidote à l'obésité consiste à miser sur les bonnes associations alimentaires, les combinaisons nutritionnelles gagnantes qui autorisent à manger de tout, mais de façon diversifiée, équilibrée, et en petites quantités.

Apprendre à mettre en relation tel ou tel aliment avec tant de féculents, tant de protéines, tant de légumineuses, veiller à ne pas alourdir la facture calorique en choisissant les bons produits et en les assemblant judicieusement, apprendre aussi, d'abord et surtout, à en laisser dans son assiette, a écouter son corps, sa faim, telles ont été les recettes de ma guérison. J'ai fini par retrouver la sensation de satiété, les joies de la gourmandise et de l'appétit, moi qui les avais oubliées depuis longtemps. Les crises de « binge » propre à la boulimie, en effet, ne consistent jamais à calmer la faim, mais à assouvir une addiction, à combler un manque. J'ai aussi réappris qu'une journée se compose d'un petit-déjeuner, d'un déjeuner, d'un goûter et d'un dîner. Avant ma guérison, ces scansions m'étaient devenues totalement indifférentes. Au pic de ma boulimie, j'attendais toujours 14 heures ou 15 heures pour me bâfrer, me privant toute la matinée pour atteindre, l'après-midi venu, l'apothéose du shoot, le nirvana du « craving ».

Et si j'avais envie de chocolat ? Pas de problème, selon ma psy, à condition d'en manger quelques carrés au lieu d'engloutir toute la tablette, et d'éviter si possible le chocolat au lait, plus riche en calories que le chocolat noir. Et les frites, y avais-je droit ? Pour sûr, mais sans abus, et en recherchant d'abord et surtout le principe de plaisir, de satiété voire de gratuité, qui m'autorisait à faire entorse au plat de pommes de terre évidemment moins chargé en graisse, mais équivalent en termes de féculents. Manger un esquimau ? Mais oui, si j'avais faim !

En parallèle au travail avec ma psy, j'ai aussi reçu l'aide d'une endocrinologue pour m'aiguiller dans le choix des aliments et surveiller au plus près l'évolution de mon métabolisme. Depuis cette époque, je dispose d'une balance électronique reliée à mon téléphone via Bluetooth. Ses données peuvent être consultées à n'importe quel moment. Je me limite d'ordinaire à une pesée par semaine. Il m'a en effet été déconseillé de monter sur la balance tous les jours, les prises ou les pertes de quelques dizaines de grammes n'ayant guère de signification sur le court terme. Quoi qu'il en soit, ce petit bijou de technologie connectée m'accompagne désormais dans tous mes voyages.

Si je suis sortie victorieuse de l'obésité, c'est aussi grâce à ma pratique intensive du sport. À raison de sept heures par semaine, les kilos s'envolent. Et les exercices physiques finissent presque par agir comme un substitut aux crises de boulimie. Comment résister à copier-coller des questions du chapitre 23, en changeant cette fois les réponses… Un petit coup de cafard ? Une heure et demie de footing, 30 minutes d'étirements. La peur de lâcher prise avant un rendez-vous important ? Une heure de boxe, 20 minutes d'abdos. L'amer sentiment de solitude qui s'insinue parfois le soir, quand on est seul chez soi ? Dodo, histoire d'être pleinement d'attaque le lendemain pour réenfiler mon jogging ! À moi les séances de fitness en solo :

l'elliptique qui trône dans mon appartement n'a jamais été aussi sollicité. Cet incroyable appareil de cardio-training dispose d'un ordinateur de bord qui affiche les calories dépensées, la distance parcourue, la puissance développée… Le partenaire idéal pour brûler les graisses, travailler cuisses, mollets, fessiers, abdos, sur fond de rock comme de bien entendu.

Mieux dans ma tête, mieux dans mon corps : l'aiguille de ma balance allait bientôt redescendre en deçà des trois chiffres qui m'avaient tant démoralisée. Étais-je pour autant guérie ?

31

Convalescence et confinement

La plupart des signaux étaient au vert. 105 kilos, 104, 103, 102, 101… Le simple fait d'inverser la courbe était déjà une victoire. Le travail avec ma psy m'avait redonné force et confiance. Enfin, l'horizon se dégageait. Alors pourquoi précipiter les choses ? Pourquoi cette décision radicale ? Le passage par la case opération n'était pas prévu au programme. J'ai pourtant insisté auprès de ma psy. Ce sésame, elle seule pouvait le délivrer. Elle s'y était refusée tant que persisteraient les comportements addictifs qui m'avaient amenée dans son cabinet. Avant d'envisager la sleeve, il fallait que j'apprenne à apprivoiser mes démons, à me réconcilier avec moi-même, à reconnaître ma maladie pour essayer de la guérir. Alors, et alors seulement, l'intervention chirurgicale deviendrait possible. Non pas comme une solution, mais comme une sorte d'adjuvant à ma thérapie, un appoint dont, au final, j'aurais très bien pu me passer. Le jour où ma psy a diagnostiqué les premiers vrais signes de guérison, et considéré que, sleeve ou pas sleeve, la victoire était au bout du chemin, liberté m'a été donnée de programmer cette opération en veillant à respecter strictement le protocole qui lui était associé.

À commencer par une batterie de tests suivis de rendez-vous en cascade avec des médecins, diététiciens, endocrinologues et autres grands manitous de la chirurgie gastrique. Lors d'une conversation avec l'un des cliniciens qui allait pratiquer l'opération, une image m'a frappée. Ce docteur m'a dit en substance : « Votre excès de poids représente 45 kilos. Deux packs de bouteilles d'eau, cela fait 12 kilos, et c'est déjà lourd à porter. Alors vous vous imaginez, 45 kilos ! Et c'est toute cette charge qui pèse sur vos chevilles. » La comparaison avec un sac à dos aurait tout aussi bien pu faire l'affaire. Vingt kilos suffisent en effet à vous arracher les épaules…

Ma convalescence devait normalement durer un mois et demi, quelle tannée. Beaucoup trop long pour moi ! Mon père est resté avec moi à la maison pour m'aider à passer le temps et veiller au grain. Il me tardait de retrouver mon rythme de travail, les studios sétois, le rush des tournages. Dix jours après l'intervention, je me sentais d'attaque pour rempiler. Alors, n'y tenant plus, j'ai sauté dans un TGV avec mon père inquiet pour moi, direction Sète. Et dès le lendemain matin, j'enchaînais sans désemparer les séquences en studio, heureuse de retrouver la ruche bourdonnante de « DNA ». Nous étions le 25 février 2020. « Coronavirus : sueurs froides pour l'économie », titrait *Libération* ce jour-là. Du côté de la production, l'inquiétude commençait à monter. Au rythme de la progression du virus, fallait-il anticiper une mise à l'arrêt de l'énorme logistique mobilisée par la série ? Je tournais alors en « arche A », c'est-à-dire tout le temps. Pour rappel : l'arche A désigne l'intrigue principale des épisodes en cours de tournage ; l'arche B, l'intrigue secondaire ; l'arche C, une intrigue plus légère et anecdotique, destinée à « habiller » les deux précédentes. Pour l'heure, consigne avait été donnée de continuer le travail, mais les quelques cas testés positifs au Covid au sein des équipes avaient de quoi semer le trouble. Jusqu'à ce vendredi 13 mars où tout s'est arrêté. À 17 heures, juste après ma dernière séquence de la journée, il nous fut annoncé que la production était stoppée nette. Un train partait pour Paris à 19 heures. Pas question de le louper ! Je n'avais qu'une obsession : retrouver les miens et d'abord Dorian ; affronter avec eux, pour le meilleur ou pour le pire, l'étrange période qui allait s'ouvrir. En catastrophe, j'ai filé à l'Hôtel de Paris, où les membres du staff m'ont aidée à boucler ma valise. Qu'ils en soient ici remerciés ! Et j'ai réussi à attraper mon train *in extremis*. Ouf.

Durant ces deux mois et demi de confinement, quand j'appelais des amis, la question du manger finissait immanquablement par s'inviter dans les conversations. Condamnés à rester chez eux, les Français se rattrapaient sur les bons petits plats. La passion des fourneaux soufflait sur l'Hexagone ! Excellente chose, d'autant qu'elle fut l'occasion pour de nombreux hommes de passer enfin le tablier. « Papa au boulot, maman aux fourneaux » ? Une baffe, oui ! Le « tous en cuisine » a aussi eu tendance à épaissir les silhouettes… Selon un sondage Ifop, le confinement a entraîné une prise de poids chez 57 % des Français. Au cours de l'année

2020, ils auront pris en moyenne 2,5 kilos supplémentaires (une bagatelle pour moi, un tremblement de terre pour les minces). Pendant ce temps, je suivais la courbe inverse. Durant toute la période de cette assignation à domicile, je consultais ma psy deux fois par semaine en FaceTime, et j'ai veillé avec un soin particulier à suivre ses conseils en mangeant équilibré et en assemblant chaque fois les bons aliments. Je m'en suis donné à cœur joie en testant de nouvelles recettes. Et je n'ai jamais autant brûlé mes graisses sur mon elliptique que pendant ces deux mois et demi. À rebours de la tendance nationale, je mincissais à vue d'œil.

Au terme du premier confinement, la machine de « DNA » s'est vite remise en route, mais l'ambiance n'était plus la même. Pour respecter les mesures sanitaires, il a fallu réécrire certains épisodes. Fini les scènes où les acteurs s'embrassaient, fini les hugs, fini les grandes tablées qui nous réunissaient le soir en terrasse. Les restos étaient fermés. Les menus plaisirs de la vie hors plateau, qui faisaient aussi le charme de ma vie à Sète, avaient tous disparu. Même la pause-café était devenue compliquée, car chacun devait garder ses distances. L'habilleuse, spray en mains recouvertes de gants en latex, nettoyait tout sur son passage. Dans les studios, un sens de circulation a été instauré. Les comédiens ont dû apprendre à s'autonomiser, avec des « sacs Covid » personnalisés où nous rangions nos vêtements. Une fois la journée de travail achevée, nous restions enfermés dans nos chambres devant un plateau-repas. Lugubre. Tournage-hôtel, hôtel-tournage, voilà à quoi ressemblait notre emploi du temps. Covid oblige, nous évitions le plus possible les voyages en train. Pendant plus d'un mois, je n'ai pas quitté Sète. Dorian me manquait.

Comment ai-je fini moi aussi par l'attraper un an plus tard ? Mystère. Quoi qu'il en soit, j'en ai bavé. Six jours d'hospitalisation avec mise sous oxygène. Je m'étais juré dur comme fer que ce maudit Covid ne m'aurait pas et que jamais, au grand jamais, je ne mettrais les pieds en service de réanimation. Si, au final, j'ai réussi à éviter la réa, je suis sûre qu'une part en revient à ma volonté. Pour une obèse, la donne aurait sans doute été plus compliquée. Heureusement, j'avais déjà retrouvé ma taille de guêpe.

32

La douceur des fans

Grâce à ma thérapie, j'ai appris à canaliser mon éternel manque d'amour, à vivre avec ce besoin fou d'être aimée sans me laisser déborder par lui. Ce que les autres pensent de moi, éprouvent pour moi, disent de moi, comment y être insensible ? Plus question pour autant de vivre enchaînée à leurs regards, d'assujettir mes moindres faits et gestes à leurs jugements et aux sentiments, nécessairement contrastés, que j'inspire à mes semblables. Trouver assez de confiance en moi-même pour rompre avec cette dépendance affective : tel a été l'un des principaux leitmotivs du travail effectué dans le cabinet de ma psy. Ce qui ne revient pas à refuser l'amour que l'on vous offre, bien au contraire ! Mais simplement à l'accueillir plus sereinement, en tenant bien droit sur ses jambes dans la déferlante des affects et des sentiments.

En la matière, il est un amour ô combien précieux, pur, enveloppant, désintéressé, un amour qui tient chaud et rassérène, élève et fortifie : l'amour des fans. Ces milliers d'inconnues et d'inconnus qui vibrent à l'unisson de mon jeu d'actrice, qui m'écrivent, m'encouragent, me confient joies et peines, petits secrets et grandes histoires, tous ces cœurs qui battent pour moi et sont de tous les âges, de tous les coins de France et d'ailleurs, de tous les milieux, voilà qui est l'une des plus belles récompenses du métier que j'exerce. Ils ne savent pas à quel point nos échanges m'aident au quotidien à surmonter les doutes, la tristesse parfois, et la violence du métier.

Chaque semaine, je passe au bas mot une dizaine d'heures sur les réseaux sociaux pour échanger avec eux, donner de mes nouvelles, prendre des leurs. Règle d'or : je m'efforce de répondre à tous les messages, même si je mets parfois du temps (j'ai quand même une vie). Sauf naturellement aux 1 % d'aigris ou de désaxés qui postent des méchancetés ou des photos prises en dessous de la ceinture, car il faut toujours compter avec cette engeance, la lie d'Internet, heureusement insignifiante au regard de l'immense bienveillance qui prédomine à mon égard sur la Toile.

Cette complicité avec les fans s'éprouve très concrètement au hasard des rues. Je n'oublierai jamais ce jour du mois de juillet 2020, marqué par une rencontre dont la simple évocation me fait encore monter les larmes aux yeux – larmes de bonheur, pour une fois. Au coin d'une rue, je tombe sur une petite fille accompagnée de sa mère. Elle me saute littéralement dans les bras, et me serre fort, très fort, avec une sorte de recueillement, de reconnaissance, de puissance qui me fait sentir les trésors infinis de tendresse et d'amour contenus dans ce cœur d'enfant. Et de rester ainsi collée à moi pendant un bon quart d'heure, sans prononcer un mot, abandonnée à la pure extase de ce contact avec l'actrice qui s'invitait chaque semaine dans son salon. « Je vais l'adopter, votre petite fille ! » ai-je plaisanté avec sa mère aussi émue que moi. Il fallut se séparer non sans bisous, selfies, re-bisous et re-selfies, avec en prime une photo dédicacée : j'avais apparemment fait une heureuse.

Sans surprise, mes problèmes de poids, mon combat contre la boulimie, les kilos perdus au fil de ma guérison ont fait naître des commentaires sur les réseaux sociaux. Beaucoup de femmes et d'hommes souffrant d'obésité ont souhaité échanger avec moi sur ce thème. Certains semblaient découvrir, grâce à moi, qu'ils n'étaient plus seuls, qu'une actrice était passée par les mêmes problèmes, les mêmes doutes, les mêmes souffrances. Occasion, pour eux, d'assumer moins péniblement leur « différence », différence qui n'en était plus vraiment une puisque je la partageais, qui plus est sans me cacher et en parlant désormais de ma boulimie le plus librement du monde. Moi qui étais passée par là, j'essayais chaque fois de trouver les mots justes pour ranimer la confiance de telle femme qui, par peur du regard des autres, n'osait plus sortir de chez elle ; de telle autre qui, complexée par ses kilos, refusait de se laisser toucher par son mari. J'ai publié de nombreux posts dédiés à celles et ceux qui, luttant pied à pied contre la boulimie, recherchaient une aide, un réconfort. Par la force des choses, je me suis sentie devenir l'une des porte-parole de ces « outremangeurs anonymes », pour reprendre le nom d'une association visant à réunir les personnes qui souffrent de compulsion alimentaire.

Face à la boulimie, que répondre à celles et ceux qui cherchent la solution miracle ? Il n'y en a pas. Et puis, je ne suis pas médecin… Du haut de ma modeste expérience, voici néanmoins les conseils que je pourrais leur donner. Apprenez d'abord à mettre des mots sur le mal qui vous détruit, à le reconnaître, à l'identifier. « Mal nommer les choses, c'est ajouter au malheur du monde », écrivait Albert Camus. Or la boulimie doit être nommée pour ce qu'elle est : une addiction, une maladie. Évitez les régimes : ils n'aboutissent qu'à dérégler le métabolisme, affament inutilement, et gare à l'effet yoyo ! Osez le travail thérapeutique, car sans suivi psychologique, inutile d'espérer une guérison. La solution à la boulimie se trouve toujours dans la tête.

33

Comment

Première étape : j'ai commencé par réapprendre à faire quatre repas par jour, condition *sine qua non* pour réguler mon rapport aux aliments. Au départ, évidemment, je continuais à goinfrer, mais le fait de ne plus manger entre les repas a été ma première victoire. Les animaux, même les grands prédateurs, ne mangent que lorsqu'ils ont faim. Il fallait faire comme eux, tuer en moi l'ogre qui dévore jour et nuit tout ce qui passe sous son nez. Environ un an a été nécessaire pour m'y tenir : petit-déjeuner, déjeuner, goûter, dîner. Cette habitude, qui peut sembler simplissime pour les personnes « normales », exige un effort de titan pour les boulimiques.

Deuxième étape, pour moi la plus difficile : apprendre à écouter son corps, à s'arrêter de manger quand on n'a plus faim, à se familiariser de nouveau avec la sensation de satiété qui m'était devenue totalement étrangère. Pour chaque repas, au moins un féculent, une protéine, un fruit ou un légume. Ah bon ? Mais les gâteaux, le chocolat, les bonbons ? « On verra ça plus tard », avait dit ma psy. Je pourrais en manger, mais avec modération : un ou deux carrés de chocolat, un ou deux gâteaux, mais pas toute la tablette ni tout le paquet. Je me souviens de cette conversation avec elle comme d'un saut dans le vide, comme si on attendait de moi un effort surhumain, impossible à réaliser. Après ce rendez-vous, épuisée, je suis rentrée chez moi sans dîner, de peur de mal faire, et je me suis couchée. Cinquante fois, durant la nuit, j'ai eu envie de me lever pour engloutir une tablette de chocolat. Je ne l'ai pas fait. J'avais réussi la première étape, alors pourquoi pas la deuxième ? Au fil du temps, j'ai appris à identifier les attentes de mon corps, restant à table plus longtemps que les autres, mâchant avec application chaque bouchée. Le corps est une machine très intelligemment conçue et sait exactement de quoi il a besoin.

Troisième étape : apprendre à terrasser mon sentiment de culpabilité face à la nourriture. Si on cède à la culpabilité, même la vision d'un pain au chocolat fait grossir ! « Si vous craquez, ce n'est pas grave, il n'y a jamais de foutu pour foutu », a souvent répété ma psy. Ne jamais se décourager, aller toujours vers le mieux, se débarrasser de la « repentance » face à soi-même sur la question du manger. C'est, je crois, ce que j'ai réussi de mieux dans mon chemin de guérison.

Quatrième étape : apprivoiser l'attente, le temps qui s'écoule avant la perte de poids. On ne perd pas 45 kilos en deux jours ni en vingt, le processus peut durer plusieurs mois voire plusieurs années. Étape ô combien difficile, car elle engage un nouveau choix de vie. Surtout, ne pas considérer cette attente comme un temps de mise au régime. Elle s'apparente bien davantage à une cure de désintoxication. Le gros bémol est que si on peut arrêter la drogue, on ne peut pas arrêter de s'alimenter. Il faut donc apprendre à transformer la nourriture en alliée de vie plutôt qu'en shoot. La guérison opère étape par étape ; il faut être fier à mesure que l'on franchit chacune d'entre elles, fier de vouloir guérir.

Cinquième étape : l'opération, que l'on pourrait considérer comme superfétatoire, mais que j'ai voulu tenter pour être sûre de ne pas craquer, comme une aide pour aller plus vite, comme une récompense. Après l'intervention chirurgicale, il faut manger liquide pendant deux semaines, puis haché, avant de reprendre peu à peu une alimentation normale. Le plus dur, pendant cette période de convalescence, c'est l'eau. On ne peut plus boire comme avant. Seules de minuscules gorgées sont possibles. J'ai eu l'impression de me dessécher comme un prunier. Horrible, cette sensation de soif que l'on ne peut pas étancher…

Aujourd'hui, je mange de tout avec plaisir, sans avoir jamais l'impression de me priver. Comme une gourmande, plus comme une droguée… On se détruit par détresse, par peur, par lâcheté ; on finit par désapprendre à écouter son propre corps. Guérir, c'est renouer avec son corps, lui faire confiance, le respecter, l'écouter. Sans oublier le sport, présent à chaque moment de ma vie, si salvateur.

34

Seule dans ma tête

Loin de moi l'idée de montrer en modèle le parcours de guérison décrit au fil de ces pages. Ce chemin m'est propre, chemin singulier parmi des millions d'autres qui disent d'autres histoires, d'autres souffrances, d'autres espérances. Que l'on ne conclue pas non plus trop hâtivement de ces pages que la boulimie serait le seul et unique facteur de l'obésité. L'excès de poids n'est pas nécessairement dû à un trouble du comportement alimentaire. Il peut être d'origine génétique, lié à une maladie, à un problème hormonal ou encore à un traitement comme la cortisone. Mon médecin m'a raconté le cas d'un homme et d'une femme en couple, obèses tous les deux. Jusqu'à l'adolescence, la fille née de leur union eut un métabolisme parfaitement normal, ses parents ayant toujours veillé avec le plus grand soin à équilibrer son régime alimentaire. Mais à l'âge de quatorze ans, très rapidement, elle aussi est devenue obèse. Le facteur héréditaire, en la circonstance, était bien la clé d'explication à son problème de surpoids.

Mon combat contre la boulimie, je l'ai mené seule. Seule et néanmoins entourée : par ma psy, par mes proches, par l'affection des dizaines de milliers d'inconnues et d'inconnus qui me suivent sur les réseaux sociaux. Se sentir aidée, encouragée, portée par la confiance, la fidélité des gens que l'on aime et que l'on estime, c'est une chance qui n'a pas de prix. Si précieux soit-il, cet accompagnement de tous les instants s'arrête là où commence le vrai travail, le travail sur soi. La solution, c'était à moi, et à moi seule, d'aller la chercher dans le labyrinthe de ma vie, au risque de raviver des plaies anciennes, de réveiller les fantômes du passé pour, enfin, oser les regarder en face et les affronter.

« Le Poète est semblable au prince des nuées / Qui hante la tempête et se rit de l'archer / Exilé sur le sol au milieu des huées / Ses ailes de géant l'empêchent de marcher. » Je me récite souvent ces vers de

« L'Albatros ». Cette solitude du poète, si chère à Baudelaire et en même temps si sombre, si angoissante, fait écho à mon propre exil intérieur. J'ai beau être entourée d'amour, multiplier les rencontres, chérir par-dessus tout la sociabilité, l'amitié, l'échange avec les autres, j'ai toujours éprouvé au fond de moi une grande solitude. Seule dans ma tête : c'est aussi le titre que j'aurais aimé donner à cet ouvrage. Seule dans ma tête : c'est aussi pour moi une force pour ne jamais céder à la défaite, ne jamais m'avouer vaincue. Si j'ai réussi à surmonter toutes ces épreuves, c'est grâce à ma force mentale, à mon immense capacité de résilience que j'inscris dans mon énergie vitale.

J'ai réussi à vaincre la boulimie. À terrasser mon addiction. À croire en la vie. Ma thérapie n'est pas finie pour autant. Je ne baisse pas la garde. Je suis guérie, mais je me soigne.

FIN

À la Chtaka Family, Gaël, Erwan, Audren,
Solenn, Séverine, Mathieu, Julien, Éric, Cantin.

À mes parents.

À Victor, Jules, Matisse.

À Diane, Magalie et Manuela.

À Chahan.

À Marie-Morgane, Yves-Alexandre.

À Patrick, avec qui
je me suis réconciliée avec les années.

Indispensables amis : merci !

Aussi loin que je me souvienne, mes amis ont toujours occupé une place très importante dans ma vie, parce qu'ils me comprennent et m'acceptent tel que je suis. Pour moi l'amitié est indispensable, c'est elle qui m'a sauvée de bien des situations absurdes, malheureuses, embarrassantes voire désespérées. J'ai donc décidé de citer mes amis dans le désordre, sans tenir compte de l'espace-temps. Moments de vie que nous avons partagés, rocambolesques, incroyables, fous, drôles, même dans le désespoir le plus total parce que nous sommes là les uns pour les autres et que le jugement ne fait pas partie d'une vraie relation amicale…

Lisa M. est venue me chercher à 2 heures du matin, me trouvant nue comme un ver sur un palier après une énième séparation avec mon mari. Après l'avoir insulté avec panache, elle m'a ramenée chez elle et convaincue de me résoudre au divorce.

Vinciane M. a bravé le Covid pour m'apporter à l'hôpital des Chipster, une chemise de nuit propre (je tiens à préciser qu'il s'agissait de sa préférée) et des fruits, harcelant les infirmières qui ont fini par céder et par m'apporter les précieuses victuailles.

Sandrine R. a fait un véritable rallye avec ma Mini (que j'avais eu la brillante idée de conduire à huit mois et demi de grossesse) pour m'éviter d'accoucher dans les champs alors que j'avais des contractions toutes les cinq minutes, que nous étions au fin fond de l'Oise et que mon accouchement était prévu à Neuilly-sur-Seine.

Amanda S. m'a écrit un rôle sur mesure dans son film *Madame* et a fait un aller-retour Los Angeles/Paris pour venir à l'enterrement de mon frère.

Enrico N. qui m'a fait vivre un rêve éveillé une bonne partie de ma vie d'adolescente et de jeune femme.

Juliette M. a dormi avec moi plusieurs nuits d'affilée pour me consoler, alors que je me pensais inconsolable.

Patricia T., meilleure banquière de la planète (même dans mes moments de vache maigre).

Catherine et Nathan P. ont gardé mon fils pendant quatorze jours pour que je puisse tourner, il a été si heureux avec eux que j'ai cru ne jamais le récupérer !

Isabelle R. est celle qui me défend toujours contre vents et marées quoi que je fasse, quoi que je dise, parfois avec une mauvaise foi insolente.

Isabelle S. a fait livrer chez moi l'une des énormes bougies de son mariage que j'avais trouvée jolie. Comment s'en est-elle souvenue deux jours après la cérémonie ?

Johanna B. m'a aidée à vider ma cave pendant douze heures et a dû rapporter chez elle, sur mon insistance, d'énormes sacs-poubelles remplis de vêtements dont je ne voulais plus et qui pesaient des tonnes (la honte me gagne au moment où j'écris ces lignes).

Hadassa P. m'a emmenée dans une église au trou du cul du monde pour assister à une messe célébrée à la mémoire de mon frère un an après son décès.

Virginie de C. a tourné avec moi des minisketchs qui n'ont jamais trouvé preneur mais nous avons ri comme des Madeleine (car nous avons pleuré de rire) pendant des jours au moment de mon divorce, ce qui m'a énormément aidée.

Sandra K. m'a habillée en Lolita Lempicka pendant des années alors que j'étais totalement inconnue et qu'aucune grande marque ne voulait de moi.

Elizabeth B. a fait le tour du 5e arrondissement de Paris pendant des heures pour prendre en flagrant délit de tromperie mon copain de l'époque. Elle a fini par le choper avec une fille au restaurant. Encore un mec bien !

Vanessa G. est venue me chercher en province à 300 km de Paris en pleine nuit car Dorian n'avait rien trouvé de mieux à faire que de perdre les clés de la voiture dans le jardin : nous étions coincés en pleine campagne sans moyen de rentrer à Paris alors qu'il avait école le lendemain matin et que j'étais attendue sur un tournage.

Niseema C., sorcière bienfaitrice, m'a ouvert la conscience, un travail sur moi qui a changé ma vie et la change encore tous les jours.

Marion C. m'a présenté Niseema et m'a dépannée de 5 000 euros quand je ne pouvais plus payer mon loyer et que j'étais dans la m…, et n'a ensuite jamais répondu à mes messages pour la rembourser.

Grégoire K., qui n'a jamais pris ombrage de mes milliards de fautes d'orthographe (j'ai honte encore).

Vanessa D. me fait des massages et me fait les ongles quand je veux où je veux jour et nuit, avec le sourire.

Christophe V. m'a toujours répété que j'étais une grande actrice même dans les moments de doute et n'a pas hésité à venir me voir jouer au théâtre même dans les coins les plus reculés avec deux spectateurs dont lui.

Céline V. a passé deux jours et deux nuits avec moi pour trier mes papiers quand elle a appris que j'étais en panique à cause d'un contrôle fiscal (en sachant que pour les papiers, je suis aussi rangée qu'une cigale).

Ma voisine Clémence S. m'a donné des clopes sans rechigner après mon 150e arrêt définitif de fumer.

Alexandre B. m'a accompagnée à moto et soutenue les derniers jours de vie de mon beau-père.

Roland L., notre médecin et ami de toujours, a ouvert son cabinet un dimanche pour son filleul Dorian qui avait le doigt bleu, coincé dans une bague, bague qu'il a découpée avec un matériel de plomberie.

Anthony R. que je fais chier régulièrement pour avoir des places de concert et qui m'en trouve toujours même si je lui téléphone la veille.

Jérôme N., mon coach de boxe, m'a convaincue que mon corps pouvait redevenir comme avant à force d'entraînement quotidien.

Laetitia et Olivier G. m'ont prêté leur voiture à la dernière minute pour que je puisse me rendre au chevet de mon beau-père qui est parti le soir même, me permettant ainsi de lui dire au revoir.

Karine V. m'a toujours téléphoné et a toujours gardé contact avec moi depuis plus de trente ans sans jamais prendre ombrage de mes réponses tardives.

Sarah M. m'a donné des vêtements de la marque pour laquelle elle travaillait, ce qui m'a permis de faire des cadeaux de Noël alors que je n'en avais pas les moyens.

Magali S. s'est déguisée avec moi en cambrioleuse pour aller dans les bureaux de mon futur ex-mari afin d'espionner ses ordinateurs.

Manuela S. m'a écoutée des jours et des nuits dans notre maison du Sud.

Gwendoline A. m'a invitée à passer des vacances de rêve qui m'ont changé les idées à un moment très douloureux de ma vie.

Jean-Christophe P. est passé de mon plus grand ennemi à l'un de mes amis les plus chers.

Sylvie A. est venue me chercher avec son mari chez moi alors que j'étais si désespérée que je ne voulais plus sortir : elle m'a emmenée de force à une avant-première.

Vassilia D. a espionné mon ex dans le local à poubelles et s'est fait choper en mission commando, elle a eu l'air d'une dingue quand mon ex l'a grillée et a fait semblant de rentrer chez elle alors qu'il s'agissait de l'appartement du voisin.

Ambre B., toujours des cadeaux et des cadeaux, la reine du réconfort et de l'affection, mon amie la plus douce.

Sandra S. m'a fait cadeau des recettes d'un mois de vente de ses sweats BE pour l'association Hopilote, dont je suis marraine.

Hélène C., l'amie avec qui je ris, quoi qu'il m'arrive dans la vie. Magique.

Nadia F. m'a aidée pendant trois jours à ranger mon appartement après un déménagement parce que je m'étais foulé la cheville et le genou au ski.

Marie-Georges B. est venue à l'une de mes ventes de cachemires (150ᵉ petit boulot alimentaire) et m'en a acheté pour une fortune uniquement pour m'aider. Je ne suis pas sûre qu'elle les ait portés depuis !

Julie G., fidèle au pari que nous avions fait seize ans plus tôt, a été le témoin de mon deuxième mariage.

Louis N.A., tous les soins gratuits réalisés dans son institut depuis des années, merci pour la belle peau !

Florence T. a bravé son agoraphobie pour venir à mon anniversaire avec un cadeau sculpté par elle.

Jeremy B. a essayé de produire plusieurs de mes projets fous. Mais on y arrivera un jour.

Isabelle A. est venue me maquiller à 7 heures du matin pour une télé parce que je voulais que ce soit elle, alors qu'elle était attendue sur un autre plateau.

Pierre-Olivier C. m'a invitée à dîner avec toute la troupe après être venu nous voir au théâtre à Bruxelles.

Anne C. m'a fait livrer un oranger pour mon anniversaire sans aucune indication sur sa provenance. J'ai compris qu'il venait d'elle au terme d'une enquête sans précédent qui aura duré une semaine.

Hortense L., ma filleule, qui m'a choisie toute seule comme marraine à treize ans.

Lauren, ma précieuse amie d'Afrique du Sud, m'a prêté sa maison londonienne alors qu'on ne s'était pas revues depuis vingt ans.

Clotilde M. partage avec moi l'incroyable souvenir d'une porte tenue chez Harrods par Roger Moore, ce qui faillit nous faire tomber dans les pommes.

Tous mes nouveaux amis rencontrés à Sète, que j'aime d'amour.

Linda H., meilleure conseillère Instagram de la planète, jour et nuit.

Catherine S., mon amie d'enfance, a accepté de faire la mise en scène d'une pièce écrite avec des amis, puis n'a plus été disponible, mais je suis sûre que j'aurai un jour l'occasion de travailler avec elle et son immense talent.

Kenza, Roméo, Diego El G., ils savent pourquoi.

Jamila El G. a eu la délicatesse de me cacher la gravité de son cancer pendant des mois, mon frère venant de nous quitter emporté par la même maladie. Jamila, avec moi à jamais.

Et des milliers de fous rires, de bonheurs, et des dizaines d'autres aventures pour certaines inavouables. Certains sont toujours là, d'autres n'ont fait que traverser ma vie mais restent dans mon cœur à jamais. Les amis sont comme les étoiles, on ne les voit pas toujours mais on sait qu'ils sont toujours là. Que ceux que j'ai oubliés me pardonnent. Je vous aime.

Table des matières

NORD COMPO
multimédia

Composition et mise en pages
Nord Compo à Villeneuve-d'Ascq

CET OUVRAGE
A ÉTÉ ACHEVÉ D'IMPRIMER
SUR ROTO-PAGE
PAR L'IMPRIMERIE FLOCH
À MAYENNE EN FÉVRIER 2022

N° d'édition : L.01ELKN000883.N001. N° d'impression : 99952
Dépôt légal : mars 2022
(Imprimé en France)